小学教育理论与实践创新

李燕芸 著

延吉·延边大学出版社

图书在版编目（CIP）数据

小学教育理论与实践创新 / 李燕芸著. -- 延吉：
延边大学出版社，2023.10
ISBN 978-7-230-05776-9

Ⅰ．①小… Ⅱ．①李… Ⅲ．①小学教育－研究 Ⅳ.
①G62

中国国家版本馆 CIP 数据核字 (2023) 第 210408 号

小学教育理论与实践创新

著　　者：李燕芸
责任编辑：胡巍洋
封面设计：文合文化
出版发行：延边大学出版社
社　　址：吉林省延吉市公园路 977 号　　　邮　　编：133002
网　　址：http://www.ydcbs.com
E-m a i l：ydcbs@ydcbs.com
电　　话：0433-2732435　　　　　　传　　真：0433-2732434
发行电话：0433-2733056
印　　刷：延边延大兴业数码印务有限责任公司
开　　本：787 mm×1092 mm　1/16
印　　张：9.75　　　　　　　　　字　　数：202 千字
版　　次：2023 年 10 月　第 1 版
印　　次：2023 年 11 月　第 1 次印刷
ISBN 978-7-230-05776-9

定　　价：58.00 元

前　言

　　把学习者放到学习的中心去，是 21 世纪教育的目标，也是目前教育改革的重点和难点。传统的小学教学，以教师为中心，以传授知识为目的，教学模式大多是教师讲、学生听。这样的教学模式只能给学生灌输知识，抑制学生的学习欲望和兴趣，进而影响学生潜力的发挥和发展。针对这一问题，本书通过探索小学教育教学新模式，来寻求以学习者为中心，以学生自主探索为特征，以培养学生自主探索意识为切入口，以学生的行为变化为外显标志，以学生自主性人格特征的形成为终极目标的小学教育理论与实践的新路径，以期为小学教师的专业能力提升提供帮助。

　　本书聚焦小学教育教学，以小学生应具备的能力为轴，诠释各种常见教学模式的基本理论、基本流程和应用方式等，介绍了新的研究成果，处处关注学生学习方式的转变和认知能力的发展，侧重于"学"，而不是"教"。

　　本书由李燕芸、董静负责审稿，在编写过程中参阅了相关的文献资料，在此谨向相关作者表示衷心的感谢。由于笔者知识水平有限，书中内容难免存在不妥和疏漏之处，敬请广大读者批评指正，以便进一步修订和完善。

目　　录

第一章　小学教育概述

第一节　小学教育的历史与现状

一、小学教育的重要性

小学教育被称为基础教育，在整个教育阶段，发挥着奠基石的重要作用。万丈高楼平地起，广博的知识就像万丈高楼一样，必须以坚固的地基为基础，小学教育正是起到了这样的作用。作为启蒙教育，无论是语文、数学、英语教育，还是科学、品德等教育，都会对学生今后各个方面的发展起到至关重要的作用，它不仅关系到学生的个人前途命运，而且关系到千家万户，它既是"树百年大计之建筑"，又是关系到民族兴衰的大问题。其重要性主要表现在以下两个方面：

（一）小学教育是国民的基础教育

如果说我国整个教育事业的根本任务在于提高全民族的素质，在于为社会主义建设培养各级各类人才，那么小学教育则是实现这个根本任务的起点。小学教育在整个学校系统中，处于起始阶段。对于中等教育及其他各级各类教育来说，小学教育处于基础阶段。小学教育的质量将会直接影响整个教育事业的质量，进而影响一代人的培养和社会主义建设事业的发展。因此，提高小学阶段基础教育的质量，是提高整个教育体系质量的关键。

（二）小学教育是对儿童的启蒙教育

小学教育是学校教育的开端，属于启蒙阶段，而儿童思想品质的成长、知识能力的发展，以及身体素质的增强，都将在小学教育阶段正式起步，并奠定初步基础。通过学习心理学可以知道，小学阶段的儿童正处于长身体、长知识的最佳时期，这个时期的儿童具有好奇心强、记忆力强和模仿性强等特点，在这一阶段，培养儿童养成良好的习惯，将会使儿童终身受益。

二、小学教育的产生与发展

（一）小学教育发展经历的三种基本形态

随着人类社会生产能力的提升、社会生活经验的丰富，以及文字的出现，学校这一专门的教育机构得以产生。与此同时，小学教育或类似性质的教育开始出现，并得到逐步发展。追溯起来，小学在人类历史上很早就已出现，而普及小学教育，即使是在一些发达国家，也是到了 19 世纪末才开始推行的；在发展中国家，则是到第二次世界大战之后，特别是到了 20 世纪 70 年代以后，才开始提上议事日程。小学教育的发展，经历了一个艰难而又曲折的演进历程，出现过多次转型，因此当代小学教育实际上是古代、近代和现代小学教育的延续与演进。对其历史进程及典型特征的考查表明，小学教育作为特定的文化现象，展现出从生活化到学校化、再到学习共同体这三种基本的形态。

1. 生活化的小学教育

一般认为，在人类社会的早期存在着一种原始形态的教育，这种教育没有与人类的生活和生产实践相区别，也没有划分层次，因此也就没有现代意义上的小学教育之说。但从性质上来看，那时也存在着类似当前小学教育的一些特殊的儿童活动。作为与小学教育具有类似性质的儿童早期的教育实践，是与整个氏族生活相融合的，也是与个体整个教育历程相融合的。生活化就成为这种教育形态的基本特征与表现。

2. 学校化的小学教育

学校的产生，是教育走向专门化的标志，也是小学教育得以正式出现的契机。伴随着小学学校的产生，小学教育登上了人类教育的历史舞台，并占据了重要的位置。在我国，从夏商周开始就有了小学教育的形态，根据宋代理学家、教育家朱熹的推测，"校"

"序""庠"都是当时的小学。殷商甲骨文的出现，为小学教育的进一步专业化和学校化提供了有利条件。西周时期，小学教育是先秦时期小学教育的典型，在制度上，已经形成了一套组织比较完备的学校教育体系，是以官师合一为基本特征，是贵族权力垄断的工具。贵族子弟的教育受到高度重视，他们需要接受礼、乐、射、御、书、数等所谓"六艺"的专门训练。

春秋战国时期，文献记载的官学或私学，都属于成人教育性质，至于儿童教育，特别是学前儿童教育，几乎没有一点记载的材料，但并不能就此认为当时没有进行儿童教育，事实上，缺乏儿童教育这一环节，成人教育是衔接不上的。

1957年，河南信阳长台观发现一座战国楚墓，出土大批楚简，其中有一枚简上记载了儿童在上学前，要在家中学习说话、练习乐器，以便上学以后易于接受"六艺"课程。可见，当时对儿童的教育已有所规定，根据这枚楚简上的内容推测，战国时期存在着相当于小学阶段的学校。

从中国古代思想、文化、学术的发展史来看，先秦都是奠定基础的时期，这是中国历史的一大特点。虽然先秦作为古代小学教育的起始时期，但并不影响其在小学教育发展中的奠基作用。事实上，中国古代小学教育的一些基本内容、思想和特点都可以从中找到端绪。先秦以后，历经两汉、魏晋南北朝，直至鸦片战争前，古代的小学教育在缓慢而平稳地推进，形成了一系列特点，成为中国文化教育史的重要组成部分。

3．学习共同体的小学教育

学校化小学教育在取得巨大成功的同时，也暴露出难以解决的问题。概括来说，在学校化的小学教育中，人们对儿童的教育采取的是一种"补救医疗式模式"。传统的补救医疗式模式，秉持的是"小大人"的儿童观，把儿童的特性看成他们自身发展的自然结果，并认为儿童自身的自然发展是有缺陷的。因此，建立在补救医疗式模式上的教育教学的焦点，是利用各种手段减轻或者消除儿童自然发展的缺陷或不足所导致的种种障碍，使儿童适应社会活动和社会生活。

随着科学研究的进展，人们看待世界与自然的观点正在发生全方位的转变，开放、协调和演化的系统观，多元的知识论与对话阐释的方法论，成为人们的重要价值取向。与之相适应，在教育领域也发生了"范式转换"，开始由探究普适性的教育规律转向了寻求情境化的教育意义。知识主体的建构性、情境性和复杂性迅速被人们所接受，学习不再是对知识的被动加工，知识也不再只是真理的表现，所有学习都是学习主体在与具体情境的复杂互动中主动进行知识习得及其意义建构的过程。

随着哲学及学习理论的发展，人们对儿童及其成长与发展有了一个全新的认识，儿童的特性及其成长与发展，被看作儿童自身在自然成长基础上与社会环境复杂互动关系的结果。儿童的成长和发展，既有他们内部原因的推动，又有外在社会文化环境的作用，外在的社会文化环境与内部动力复合叠加并交互作用，合成了儿童持续的经验过程，这个过程就是儿童学习和成长的过程。

因此，小学教育就要从两个角度同时展开，既要关注儿童内部状况的改善，优化知识结构与价值规范养成的基本图式，又要从社会环境入手，营造适合儿童需要的学习化的社会文化与学习环境。沿着这条路径，当代小学教育的发展出现了一种新的重要趋势，即走向学习共同体。

（二）早期学校化小学教育的特点

小学教育的早期学校化阶段，无论是中国，还是西方国家，在教育目的、内容、方法和权利方面，都具有共同的特点。

1．教育目的

在教育目的上，象征性的形式目的占据着主导地位，而功利性的实用目的不被重视。学生接受教育的主要目的不是获得实用知识，而是塑造和谐的身心，养成良好的品德和行为规范，成为社会的楷模。因此，能不能接受教育和接受什么样的教育，就成为区别社会地位的标志和象征。在孔子那里，教育的基本目的是培养能志道、弘道和行道的君子；在苏格拉底那里，教育的目的培养有智慧、有完善道德的人；在中世纪的欧洲，教育最为重要的目的则是培养虔信上帝的宗教人士。

2．教育内容

在教育内容上，经过精心组织编排的典籍成为主要的课程教材。在孔子那里，儿童需要学习的是《诗》《书》《礼》《易》《乐》《春秋》。在西方国家，则形成以"七艺"为核心的结构比较完善的课程，即以文法学、修辞学、辩证法构成的"三艺"和以音乐、算术、几何学、天文学构成的"四学"，外加体操。此时，无论是在中国，还是在西方国家，学生学习的经典不仅仅作为学生的教材，而且担负着整理、保留和传播古代人类文化的职责。

3．教育方法

在教育方法上，此时格外重视识记和背诵，具有刻板性和专制性。对经典的识记和背诵成为主要的学习形式，因此死记硬背、机械模仿成为小学教育或初等教育最基本的方法。与机械记忆联系在一起的，必然是专制的教育教学形式。教育过程是对儿童管制、灌输的过程，体罚成为一种重要的手段，以树立教师的威严和确保经典至高无上的地位。

4．教育权力

在教育权利上，统治阶级大权在握，形成了严格的等级制度。

三、我国小学教育的发展

《教育大辞典》将先秦至今的小学教育历史划分为三个阶段，分别是先秦至鸦片战争前期的古代小学教育、鸦片战争至新中国成立前期的近现代小学教育，以及新中国成立至今的当代小学教育。

（一）古代小学教育

我国古代小学教育主要有以下特点：

第一，教育具有鲜明的阶级性。教育的等级性体现在统治者掌控着政权，是否能接受教育和接受教育的内容是由社会地位决定的。

第二，教育的目的是为统治者服务。接受教育的目的是为统治阶级服务，不重视知识的实用性，主要学习儒家经典和一些伦理道德规范。

第三，教育的过程是通过对儿童管制、灌输来进行的。在教育过程中，不考虑结合儿童身心的发展特点，而是注重经典的识记和背诵，具有一定的刻板性和专制性。

（二）近现代小学教育

近现代的小学教育主要有以下特点：

第一，教育的目的较为注重培养学生的身心和谐发展。

第二，教育的内容世俗化，课程设置更为科学。

第三，教育的对象普及化，女孩逐渐拥有了受教育的权利。

第四，注重开展乐学的教育实验，运用多样化的教育方法，同时注重结合儿童的身心发展特点来进行教学。

第五，教育体系科学化，将幼稚园纳入初等教育体系，幼小得到更好的衔接。

（三）当代小学教育

新中国成立以后，我国的小学教育体现出以下特点：

第一，教育的目的越来越注重以人为本，以培养全面发展的人为核心，学科内容的设置和教学方法更加注重儿童的身心发展。

第二，教育的对象更为普及，义务教育在全国得到全面实施。

第三，重视教师的发展，教师制度逐渐规范化。

第四，教育实验涉及的方面更广泛。

第二节　小学教育的基本特点

小学教育要解决小学生发展与文化发展之间的矛盾，而这个矛盾在很大程度上表现为小学生的身心发展水平与人类文化发展水平之间的矛盾。解决这个矛盾，就成为小学教育的主要任务，当代小学教育在解决这个矛盾的过程中表现出了独有的一些特点，这些特点也对小学教育作出了质的规定。

一、小学教育的基础性

小学教育处于整个国家教育体系的基础阶段，是一名儿童成长为一名合格的社会公民的奠基工程，无论是从儿童的个人发展，还是从国家民族文化的发展来说，小学教育都具有基础性。其主要表现在以下方面：

（一）科学文化的基础教育

一个人系统、有目的、有计划地学习科学文化知识，是自小学教育开始的。我国小学教育的对象一般为6～12岁儿童，其任务是为儿童在成长过程中德、智、体、美、劳全面发展打下基础，并为其初步进入社会生活做好准备。具体来说，就是让儿童掌握人类积累起来的最基本、最起码的文化科学知识，具备最基本的读、写、算技能，学会最初步的生活规范和行为准则。

（二）个性品质的基础教育

小学时期是个性发展的重要时期，特别是个性中具有代表性的心理特征也是在这个时期发生明显变化和迅速发展起来的，例如兴趣、习惯、性格、自我意识和观念（对于小学生来说，更多的是指情感、情绪）等。有教师说："我们面对的对象（小学生）正处在思想观点、道德情操、文明习惯、意志性格培养的最佳期，他们的心田是奇异的土壤，今天播下思想的种子，明天收到行为的收获；今天播下行为的种子，明天收到习惯的收获；今天播下习惯的种子，明天收到品德的收获；今天播下品德的种子，明天收到性格的收获；今天播下性格的种子，明天收到命运的收获。"由此可见，对学生进行切实有效的个性培养教育，应该抓住小学教育阶段这个最佳时期。

（三）道德品质的基础教育

小学时期是儿童社会化的重要阶段。儿童进入小学学习，随着生活范围和空间的扩大，不可避免地会遇到各种各样的道德问题。因此，努力促使小学生养成良好的行为习惯，形成正确的道德观念，成为小学阶段教育的一项重要任务。

（四）人文素养的基础教育

人文素养是新一轮基础教育课程改革明确提出的培养目标之一，是新时代对基础教育提出的新要求，它体现了人们对教育价值的一种新理解、新认识。人文素养的灵魂，是以人为对象、以人为中心的精神，其核心内容是对人类生存意义和价值的关怀。这其实是一种为人处世的基本的德性、价值观和人生哲学，是科学精神、艺术精神和道德精神均包含在其中的人的内在质量。它追求人生和社会的美好境界，推崇人的感性和情感，它以人的价值、人的感受、人的尊严为万物的尺度。良好的人文素养，只能靠后天的教育和环境影响，才能够养成，教育在培植人文素养方面承担着首要责任，而且这种培养应该从一个人小的时候就开始。因此，小学教育责无旁贷要为培养学生优秀的人文素养发挥应有的教育功效。

二、小学教育的义务性

小学教育面向全体适龄儿童，任何儿童，不论种族、民族、性别、肤色、家庭出身和社会地位，只要到了法定年龄，都必须接受小学教育。因此，小学教育在整个教育体系中具有义务教育的性质。对每个公民来说，教育机会是均等的，是公民享有的权利。《中华人民共和国义务教育法》第一章总则第二条指出：国家实行九年义务教育制度。义务教育是国家统一实施的所有适龄儿童、少年必须接受的教育，是国家必须予以保障的公益性事业。实施义务教育，不收学费、杂费，国家建立义务教育经费保障机制，保证义务教育制度的实施。

三、小学教育的全面性

所谓小学教育的全面性，指的是对于每一个特定的个体而言，当代小学教育都应该促进他们在各个方面的充分发展。这既是由当代小学教育的基础性决定的，又是针对小学教育的内容而言的。当代小学教育是一种基础教育，既不是针对某个人的特定职业的专门化教育，又不是高等教育。小学教育对象一般是6～12岁的儿童，既不是青少年，又不是成人。当代小学教育，旨在为儿童进一步的终身学习和可持续发展奠定基础，并不是对儿童进行职业训练。所有这些都决定了当代小学教育是促进学生全面发展的教育，而不是促进学生片面发展的教育。同时，当代小学教育的全面性，在我国现阶段也体现在德、智、体、美等各方面都得到全面发展。

全面发展绝不意味着每个学生的各方面平均发展，而是包含其个性的多样性和丰富性。小学教育的全面性，既包括面向全体的统一要求，又需考虑学生的实际特点，使得每个学生的不同特长得到最大化的发展。

第三节　小学教育的组成部分

一、德育

（一）德育的概念

德育是教育工作者组织、营造适合受教育者品德成长的环境，促进他们在道德、思想、政治等方面不断建构和提升的教育活动。

（二）德育的功能

第一，德育的社会功能，指的是德育对政治、经济和文化等发生影响的政治功能、经济功能和文化功能等。

第二，德育的个体功能，指的是德育对受教育者个体的生存和发展产生的作用。

第三，德育的教育功能，指的是德育对受教育者智、体、美等教育的促进功能。具体作用有三个方面：一是动机作用；二是方向作用；三是习惯和方法上的支持作用。

（三）德育的任务

德育的任务是：培养学生初步具有爱祖国、爱人民、爱劳动、爱科学、爱社会主义的思想感情和良好品德，遵守社会公德的意识和文明行为习惯，良好的意志、品格和活泼开朗的性格，自己管理自己、帮助别人、为集体服务和辨别是非的能力，为使他们成为德、智、体、美全面发展的社会主义事业的建设者和接班人打下良好的思想品德基础。

（四）德育的主要内容

第一，基本道德和行为规范的教育。主要是个体生活习惯和行动准则方面的教育，通俗地讲，就是教学生如何做人，如何做一个正直的人、一个友善的人、一个合作的人、一个守规则的人。

9

第二，公民道德与政治品质的教育。主要是个体对群体、社会、国家所应具备的正确认知与情感态度等方面的教育，包括集体主义、爱国主义、平等自由和民主法制观念等教育内容。

第三，世界观、人生观和价值观的基础教育。主要是帮助学生规划人生目标、建立价值标准、构建理想追求的教育，培育学生正确的世界观、人生观和价值观是德育的最高目标，也是德育的基础性工作。

二、智育

（一）智育的概念

智育是教育创设一定的情境，以提升教育对象的智慧水平为目的的教育，它是构成教育的重要组成部分。智力是人的智慧能力，是观察力、记忆力、思维能力和想象能力等各种认识能力的有机结合，是一种系统处理和加工信息的综合心理能力。

（二）智育的任务

1．传授知识

事实知识：指那些反映客观存在的知识，例如颜色、形状、各种节日、人民英雄纪念碑和水的构成等。

原理知识：指那些揭示事物运行和社会发展规律的知识，例如加减乘除、相对论和光学原理等。

技能知识：指那些完成某些任务的实践操作性的知识，例如种瓜栽豆、骑车骑马、驾驶飞机和网上交流等。

人力知识：指那些与人、社会合作交流的知识，例如立身行事、人生态度、社会交往、勇于竞争和平等合作等。

2．发展技能

一是身体活动的协调能力。例如，正确的坐姿、书写、走路，以及锻炼过程中各种动作的协调性、配合性等。

二是智力活动的智慧能力。学习过程中的默读、心算、构思和想象等都属于智慧能力的表现。

三是认识活动的反省能力。人的生长过程中的判断能力、辨别能力和反思能力等都属于反省能力。

3．培养自主性和创造性

自主性是个体能够独立作出判断、反思这些判断，以及依据自己的判断将信念与行动整合起来的心理倾向。自主性是个体智力品质的重要特征之一。创造性是人具有较高智力，尤其是良好的思维能力的重要表现和标志。

（三）智育的途径

课堂上：可通过语文、数学、科学、社会等课程，开展智育活动。

课堂外：可通过课外活动、社会实践、家庭生活等途径，开展智育活动。

三、体育

（一）体育的概念

体育是指以增强体质、发展体能和锻炼体魄为目标的教育。

（二）体育的功能

1．健体功能

体育活动可以促进学生的生长发育和身体素质的全面发展，提高学生的运动能力，以及对自然环境的适应能力。

2．教育功能

体育活动可以培养学生奋发向上、顽强拼搏的勇敢精神，培育其克服困难、坚持不懈的意志。

（三）体育的任务

体育的任务是：增强学生体质，促进其身体正常发育，提高运动素养，传授必要的知识与技能；培养体育兴趣，形成良好的精神品质。

四、美育

（一）美育的概念

美育是以培养学生感受、表现、鉴赏和创造美的能力，从而促使学生追求人生的情趣与理想境界等为目标的教育。

（二）美育的任务

第一，培养和提高学生感受美的能力。感受美是审美活动的起点，因而也是学校美育的基本任务。每个学生都具有天然的审美基因，但其审美水平需要教育去提升。否则，这些天然的审美基因得不到后天的培养与发展，要么枯萎消解，要么走向歧路。

第二，培养和提高学生鉴赏美的能力。鉴赏美包括鉴别美和欣赏美两个方面，前者表示对美与丑的质量的判定，后者是对审美对象进行审美的心理过程。后者只有建立在前者的基础之上，才可以说个体具有一定的审美鉴赏能力。

第三，培养和提高学生表现美和创造美的能力。一篇诗词的吟诵，一首歌曲的歌唱，一件乐器的演奏，一个舞蹈的表演，一件手工的制作，一幅图画的绘制，一件雕塑的设计等，都会给学生提供表现美和创造美的机会，教师都应当及时地予以肯定、鼓励、指导和帮助。

第四，培养学生追求人生趣味和理想境界的能力。学校美育的根本任务是要使学生具有发现和创造美好生活的基本能力，从而努力追求高品位的生活和高境界的人生。

（三）美育的类型

1．艺术美育

艺术美是一种以现实为基础，但又经过艺术加工，因而高于现实美的形态。艺术美育是指以艺术美为内容的美育活动，例如教师引导学生欣赏专业艺术团体的表演、音乐大师的音乐作品、美术大师的美术作品等，并对其实施的教育。

2．自然美育

自然美是指自然物体本身呈现出来的美的形态。自然美育是指通过对自然，特别是对祖国大好河山的欣赏而实施的美育，例如教师引导学生欣赏神奇的长江三峡、雄壮的黄河壶口瀑布和美丽的西双版纳等，并对其实施的教育。

3．社会美育

社会美也叫生活美，是社会生活中存有的美的形态。社会美育是指通过社会的各种物质和精神环境对人施行美育，例如教师利用精致的水体公园、大气的学海广场、欢腾的秧歌队伍和漂亮的焰火礼花等，对学生进行教育。

4．教育美育

所谓教育美育，就是要使全部教育活动成为美育事业的组成部分，教育活动本身要努力做到审美化。教育美育要求教师充分创造教育活动的形式美，同时努力发掘教育活动中所有美的要素作为美育的资源。

第四节　小学教育的功能

一、我国小学教育功能的演变

我国有着悠久的历史，封建社会十分漫长。自鸦片战争以后，我国社会的性质发生了变化，沦为了半殖民地半封建社会。直到 1949 年之后，我国历史进入了新的篇章。随着社会性质的改变，小学教育的功能也在改变。

（一）我国古代小学教育功能

我国古代教育只有小学和大学两个阶段。小学主要以儿童为教育对象，重视对儿童认知和行为方式的训练。虽然古今小学教育在教育层次上有一定的差异，但这类差异对研究我国小学教育功能没有较大影响。

我国古代小学的产生经历了一个相当漫长的过程。有直接材料证明，古代小学教育始于西周。

到了秦汉以后，我国古代小学教育初步发展，秦汉时期出现了专门的蒙学教材。《东观汉记》卷一《帝记》载："光武……年九岁而南顿君卒，随其叔父在萧，入小学。"这表明西汉末东汉初性质明确的小学教育机构已经存在，汉代蒙学馆除了教学生识字以外，还要对学生进行经学教育。东汉以后，小学教育的组织形式多种多样，朝着规范化发展。

魏晋南北朝时期，我国古代小学教育朝着制度化的方向前进。隋代小学教育在很大程度上依赖私家的传授。唐代之后，小学教育从中央逐渐扩散到民间。到了宋代，小学教育的对象是普通民众子弟，小学的内部管理朝着制度化和系统化发展，国家决策占据重要的地位。

元明清时期，小学教育经历了兴盛和转化两个阶段。元朝时期，官府为了加强对各族人的控制，扩大教育对象，采取社学来教育民众。清代前期，小学教育处于鼎盛时期，这一时期的小学教育官学为宗学、社学，私学有蒙学、义学和私塾等。小学教育受到社会的广泛关注，日益丰富的实践活动是小学教育理论的源泉。明清时期涌现了不少小学教育家，如王守仁、陆世仪、王筠等。

中国古代小学教育发展经历了漫长的时间，为近代小学教育打下了坚实的基础。由此可知，我国古代小学教育的功能是培养具有基本技能（识字、诗歌、礼仪）、能够维护封建统治的顺民。

（二）我国近现代小学教育功能

鸦片战争以后，中国的社会性质发生了改变，中国传统小学教育由道德教育转向近代科学化的小学教育。1878 年，出现了中国近代第一所小学——张焕纶创办的上海正蒙书院。因此，张焕纶是中国近代小学教育的创始人。

甲午中日战争以后，资产阶级维新派登上了政治舞台，他们竭力倡导"开民智"。随着维新思想的广泛推广，人们开设了新学堂、改编小学教材。1898 年，裘廷梁在《论白话文为维新之本》中提倡"崇白话，废文言"。国语运动推进了小学教育的开展。1901年，为了缓和国内日益激化的社会矛盾，清政府实施了晚清"新政"，在教育方面，建立了新的学制，使小学教育有了相对统一的标准。1904 年，清政府颁布了癸卯学制，构建了以小学堂、中学堂和大学堂为主干的教育系统。小学堂在性质上与现在小学相一致。而后，清政府废除科举制度，积极地推动了小学教育的发展。清末，建立的新式小学堂培养了服务时代的人，但也打破不了时代的局限性。在此期间，中国出现了教会小学，该类小学的主要目的是以教堂活动代替学校教育，传播基督教。教会小学是当时中国小学教育不可缺少的一部分。

1911 年的辛亥革命推翻了清王朝，结束了我国两千多年的封建统治，建立了资产阶级共和国。它先后经历了清末学制的改革、政体的变化，最后摒弃重文字、重道德主义，倾向于实用主义。

1919 年以后，小学教育改革进入高潮，教育内容丰富，这标志着中国近现代小学教育已经融入世界教育大潮。在新教育思想的指导下，我国小学教育吸收外国先进的教育经验，对旧式小学进行综合改革。南京国民政府期间，小学教育在其严密的控制之下，重视基础教育。与此同时，中国共产党领导的革命根据地的人们也十分重视小学基础教育。由于我国此时的社会比较动荡，所以小学教育主要是培养国民的基本素养，为战争服务。

纵观近现代我国小学教育的发展，虽渐渐形成了现代意义上的小学，但小学教育多服务于战争需要，培养战争所需人才，侧重于满足国家和社会层面的需求。

（三）我国当代小学教育功能

随着我国经济的发展，小学教育也在不断普及。我国当代小学教育的发展分为以下两个时期：

一是中国初等教育恢复与发展时期。在中华人民共和国成立之初，国家的主要任务是肃清封建思想，培养建设国家的人才。小学教育是儿童全面发展的基础，要培养他们热爱祖国、热爱人民的品质。在向社会主义过渡的初期阶段，我国教育专家主要讨论学生的全面发展和教师的因材施教如何实现，加强生产劳动与教育的联系，再次强调小学教育属于基础教育。

二是探索社会主义道路时期。在这个时期，小学教育曲折发展，但也取得了可喜的成绩。此时，小学教育是整个国民教育的基础，主要功能是培养社会主义事业的建设者和接班人。

1966～1976 年，我国的小学教育处于停滞状态。改革开放后期，小学教育快速发展，取得了令人瞩目的成绩。1976～1985 年，小学教育处于恢复和起步期。国家实施恢复举办重点中学、加强师范教育和改革学制等政策。1985～1992 年是小学教育的兴起阶段，国家努力推行小学教育，增强学生的动手能力，照顾学生的个性。1992～2001 年是小学教育的发展阶段，小学教育从应试教育向素质教育转变，此时的课程设置观念仍倾向于社会政治本位，不利于小学生的个性化发展。2001 年至今是小学教育的深化阶段，该阶段的主要任务是调整小学课程结构，更新小学课程内容，建立小学教育评价标准和管理制度等。

目前，我国小学教育取得了巨大的成绩，但也存在一定的问题。此时，素质教育与全面发展相结合，其发展趋势为科学化、人文化、综合化、信息化和个性化等。当代的小学教育在满足社会和国家需要的同时，也在满足公民自身发展的需要。由此可知，当代小学教育功能在不断更新和完善。

二、我国小学教育功能的更新与完善

（一）促进小学生的和谐发展

人的和谐发展并不是一个新的命题，和谐发展的思想自古就有。卢梭主张培养的是自然人，裴斯泰洛齐追求的是"全面的和谐人"。同样，中国古代《易经》中有天人合一的思想，"人物交融，主客浑一"，强调天道与人道和谐的关系。先秦时期的"和合论"也反映了人要获得和谐的发展。人的和谐发展对人的发展和社会的进步有着推动作用。进入近现代，王国维把人的能力分为身体的能力和精神的能力，确保身体能力与精神能力协调发展，把人的和谐发展作为教育的宗旨。蔡元培提出的"五育并举"、陶行知提出的"教学做合一"等观点，都蕴含着人的和谐发展思想。

人的和谐发展包含两个方面的内容：一是人的身体和心理和谐发展，二者相互适应与促进；二是人的身体或心理的各个方面相互协调。人的和谐发展是一个动态的过程，在不同的时期和不同的历史阶段，人们对和谐的认识也是不同的。人的和谐发展是相对的、开放的。人的和谐发展主要涉及三个层面，即思想层面、心理层面和能力层面。思想层面是指人的思想和观念能够与时俱进；心理层面是指人处于乐观向上、积极健康的状态；能力层面是指人具有的技能和潜力能为其发展提供一个广阔的舞台。基于对人的和谐发展的理解，人的发展既有主动性，又有被动性，并且能够自我协调。

和谐发展强调的是人的各种基本素质间的关系。人的和谐发展对人有着重要的作用。小学教育时期是人类教育的启蒙期，因此小学教育需具备一个重要功能，那就是促进学生身心和谐发展。促进学生身心和谐发展是小学教育的重要使命，也是社会和家长的期望。

在小学阶段，教师要想促进学生的身心和谐发展，就应根据学生的身心发展特征进行教育。小学生正处于身体发育的两个高峰之间的相对平稳阶段，他们的肺活量会随着年龄的增长而增大，他们的神经系统也会逐渐完善。小学生的条件反射比以前更易形成，能更好地支配自身的行为。

可以从以下几个阶段来分析小学生的心理特征：

第一阶段为一、二年级。此阶段的小学生以无意注意为主，保持注意的时间很短；可以感知具体概念；具有模仿性和再现性；求知欲很强，主要表现为经常提问、摆弄物品等；情绪的稳定性比较差，没有形成明确的自我意识；道德意志比较薄弱，经常会不自觉地模仿大人的行为。

第二阶段为三、四年级。这个阶段，小学生的注意力不断提高，注意的范围不断扩大，想象力也在不断丰富，对学科的兴趣开始分化，自我意识有所提高，情感调控能力比较差。

第三阶段为五、六年级。此阶段，小学生的抽象逻辑思维逐渐发展，认识越来越丰富，自我意识明显增强，对需要独立思考的作业更感兴趣。

从小学生的身体特征和心理特征可知，小学生的身体发育与心理发展是统一的，二者密不可分，相辅相成。小学生身体各系统的发育，尤其是神经系统的发育，为其心理发展奠定了物质基础，而心理的正常发展，也能保证和促进小学生身体的正常发育。总之，小学教育要同时注重小学生的身体发育和心理发展，只有这样，才能促进小学生的和谐发展。

（二）培养小学生的基本素养

人是社会性动物，社会生活所需的基本素养和自我调控能力是需要从小开始培养的，小学教育另一主要功能是使小学生具有未来社会所需要的基本素养。基本素养是人们经过长期的学习和训练形成的品质，不同时代、不同国家对国民基本素养的要求不同。例如，古斯巴达人的基本素养是有健康的体魄和农耕的技能，古代中国人的基本素养是忠君爱国。

随着时代的发展，社会对公民基本素养的要求也在不断发生变化。当今社会，我国小学教育培养的小学生应具有爱国、乐学、诚信和友善的品质。爱国是中华民族的优良传统美德，只有确保国家安全、民族进步，才能确保自身利益。对小学生进行爱国情怀的培养是重中之重，因为一个人如果没有爱国之心，就算才华横溢，也不会成为对国家有用的人。

培养小学生的爱国情怀，最常见的一种途径是运用母语进行教学。母语本身是民族文化的一个重要组成部分，也是传播民族文化的最重要的媒介、记录和保存民族文化的最主要的载体。母语教学体现着人们对自己民族、国家的热爱，更容易使小学生认识到国家的重要性，激发他们的爱国热情。

小学教育阶段是人最初积累知识和技能的开端，小学生应保持强烈的求知欲，在未来的生活中才能掌握所需要的知识和技能，从而更好地生活和奉献社会。反之，小学生如果从小学阶段就不愿意学习，长此以往，就会对学习知识缺乏兴趣，最后很难在社会上立足。

诚信是人立足社会的基石，它是一个人内心安全和自尊的体现。一个人如果在小学阶段就养成了诚信这一基本素养，将有助于他做到言行一致，赢得他人的尊重，并建立高度的自信。

友善是中华民族的传统美德，是公民应具备的基本道德素养。社会和谐需要友善，同学相处更需要友善。小学生正处于成长的重要阶段，是国家的小公民，是祖国未来建设的栋梁，他们的可塑性非常强。因此，教师要大力倡导友善教育，引导小学生成长为一个友善的人。

综上所述，小学阶段是培养小学生基本素养的重要开端，教师应抓住这个关键时期。

（三）培养小学生的自我调控能力

一个人的自我调控能力是逐渐形成的，小学教育应帮助小学生逐步培养自我调控能力，为其未来生活和学习打下良好的基础。心理学研究表明，自我调控能力失调会导致多种情绪和行为出现问题，例如抑郁、焦虑，甚至出现攻击性行为。因此，小学教育应在遵循小学生身心发展规律的基础上，帮助小学生培养良好的自我调控能力。

自我调控能力是行为主体自动、自觉地调控自己思想、行为，以达到战胜自我、驾驭自我的目的。自我调控能力强的人面对困难处变不惊，不易受到周围环境的左右。无论是哪个国家、哪个民族，都会在小学阶段培养和锻炼儿童的自我调控能力，以使其适应未来的生活。小学生拥有良好的自我调控能力，有助于提高学习成绩，也有助于处理好与同学的关系。

最初，自我调控能力是心理学中的重要研究领域，随着研究的不断深入，自我调控能力涵盖了教育学、医学和社会学等多方面的知识。小学阶段是培养学生自我调控能力的关键期，自我调控能力包括自我认知、自我情绪调控和行为调控。

自我认知能力是个体对自身的优缺点有着清楚的认识，能够认识到自己的性格特点，树立正确的价值观，明确自我发展的方向。小学阶段主要是让小学生正确地认识自身的优点和缺点，这样才能努力克服自身的缺点，发扬自身的优点，从而端正学习态度，提高学生的自信心。

小学生的情绪容易受到外界的感染，愉快的情绪可以使小学生产生积极的行为，消极的情绪可以使其产生不良的行为，自我情绪调控对小学生有着重要的作用。进入小学之后，学校成为小学生生活的重要场所，小学生开始接触更多的新事物，他们的情感逐渐丰富起来，对各种各样的生活体验有了更深刻的感悟，学会控制各种情绪是小学生应具备的能力。

行为调控能力是自我调控能力中最容易量化的一部分，对学生自我调控能力的考察，来自人们对小学生的行为判断。行为调控受多方面因素的影响，行为调控能力有利于小学生抑制不良情绪的蔓延，促进良好情绪的形成。

小学阶段是人生起步最为关键的时期，加强对小学生进行自我调控能力的培养，有助于小学生将消极因素转化为积极因素，也有助于小学生的身心健康。

第五节　小学课程概述

一、课程的含义

在教育领域中，课程是涵义最复杂、歧义最多的概念之一。要研究课程理论，理解课程实践，必须对课程这一概念的内涵有一个基本的认识。

（一）从课程的要素或属性层面界定

1．课程是知识

课程是知识，这种定义把课程的本质看成知识，不仅是一种比较传统的观点，而且是目前国内比较有代表性和普遍性的观点。这种观点的基本思想是：课程的主要使命在于使学生获得知识。在此观点下，课程被等同于知识，而知识是按学科分类的，因此这种定义的另一种表达方式就是"课程即学科（科目）"，这也是一种常识化的课程观，在学校的日常实践和人们的头脑中根深蒂固。

2．课程是经验

课程是经验，这种定义把课程视为学生在教师的指导下所获得的经验或体验，以及学生自发地获得的经验或体验。它是在对前一种观点进行批评和反思的基础上出现和形成的。

（二）从课程的功能或作用层界定

1．将课程作为目标或计划

将课程作为目标或计划，这种定义把课程视为教学过程要达到的目标、教学的预期结果或教学的预先计划。这是一种预设性的课程观，它揭示了课程的目标性和计划性，课程总是指向一定的目标，并通过有计划的实施而进行的。但是，目标作为预期的教学结果，与实际学习结果是有一定差别的，把课程界定为预期的教学成果，只说明了课程的预期性，并没有说明什么是课程。

2．将课程作为活动或进程

把课程界定为活动或进程是一种生成性的课程观，这意味着课程不再是静止的"跑道"，不再仅仅是需要执行的课程计划或需要遵循的教学指南，而是个体生活经验的改造和建构，是自我的"履历情境"，即"在跑道上奔跑"的历程。

（三）从课程的层次或结构层面界定

对课程的不同定义，有时是针对课程在不同层次上所起的作用而言的。美国学者古德莱德对课程的理解最具有代表性。在他看来，人们在谈论课程时，往往谈的不是同样意义上的课程。他认为存在着以下五种不同的课程：

1．理想的课程

理想的课程是指由一些研究机构、学术团体和课程专家提出的应该开设的课程。例如，有人提议在中学开设性教育或健康教育课程，并从理论和实践的角度论证其必要性，就属于理想的课程。这种课程的影响，取决于是否被教育行政部门所采纳。

2．正式的课程

正式的课程是指由教育行政部门规定的课程计划、课程标准和教材，也就是列入学校课程表中的课程。大多数人理解的课程就是这类课程。

3．领悟的课程

领悟的课程是指任课教师所领会的课程。由于不同教师对正式课程会有不同的理解和解释，因此教师对课程"实际上是什么"或"应该是什么"的领会，与正式的课程之间会有一定的距离，从而影响正式课程的预期效果。

4．运作的课程

运作的课程是指在课堂上实际实施的课程。观察和研究表明，教师领会的课程与他们实际实施的课程之间会有一定的差距，因此教师要根据学生的反应随时对实施的课程进行调整。

5．经验的课程

经验的课程是指学生实际体验到的东西。因为每个学生对事物都有自己特定的理解，两个学生听同一门课，会有不同的体验或学习经验。

二、几种不同的课程表现

（一）课程是知识

课程是知识是一种比较早、影响相当深远的观点，也是比较传统的观点。英国哲学家斯宾塞提出的"什么知识最有价值"的思想，已经表达了将课程看作知识的倾向。可以说，在世界范围内，近代的课程体系主要是在这种观点影响下建立起来的。目前，这种课程观仍然是最具代表性和广泛性的。中小学普遍实行的学科课程及相应的理论，就是这种观点的表现。

这种观点的基本思想是：学校开设的每门课程都是从相应学科中精心选择的，课程体系是以科学逻辑组织的，并按照学习者的认识水平加以编排；作为知识的课程通常特别强调课程计划（教学计划）、课程标准（教学大纲）、教科书等所谓看得见、摸得到的客观存在物；课程是社会选择和社会意志的体现；课程是既定的、先验的、静态的、外在于学习者的；学习者服从课程，在课程面前是接受者的角色。

就心理基础而言，课程是知识的这一观点，主要关注并依赖学习者的认知品质和认知过程。

（二）课程是经验

课程是经验这种观点主要是在对前一观点进行批评和反思基础上出现和形成的。人们发现，将课程看作知识，很容易导致"重物轻人"的倾向，即强调课程本身的严密、完整、系统和权威，却忽视了学习者的实际学习体验和学习过程。并且，尽管从"课程是知识的认识"出发，课程似乎能够设计、编排得十分合理，但在事实上却往往不能保证达到它的预期效果。这样的问题，几乎在各个国家的不同时期都被人们注意到和批评过。于是，人们提出，只有那些真正为学生经历、理解和接受了的东西，才称得上是课程。也就是说，只有当学生与知识发生了相互作用，知识才可能真正转化为课程。于是，许多人在谈到课程时，开始使用"经验"这一概念，并且进一步认为课程就是学习者本身获得的某种性质或形态的经验。当课程被认为是经验时，一般特点在于：课程往往是从学习者的角度出发和设计的，课程是与学习者个人经验相联系、相结合的，强调学习者作为学习主体的角色。

就心理基础而言，课程是经验这一观点跳出了单纯认知的范畴，强调和依赖学习者个性的全面参与，以及主动性、积极性、选择性、感情、兴趣和态度等。课程不是外在于学习者、凌驾于学习者之上的，学习者的角色是参与者和组织者。

（三）课程是活动

课程是活动这一课程观认为，将课程理解为学科知识，教师容易把握，但也容易导致"见物不见人"的倾向；把课程理解为学习经验，有利于解决"教育中无儿童"的问题，但教师又感到迷惘，不知如何操作。走出这种两难困境的唯一办法，就是改变传统的非此即彼——要么是主观学习经验，要么是客观学科教材的思维方式，将视角转向二者的交合处，即活动，从活动的角度看待和解释课程。

这种课程观强调学习者是课程的主体，注重学习者的能动性，强调以学习者的兴趣、需要、能力和经验为中介实施课程，从活动的完整性出发，突出课程的综合性和整体性，反对过于详细的分科，重视学习活动的水平、结构和方式，特别是学习者与课程各因素的关系。

就心理基础而言，课程是活动这一观点也强调全面性，即除了认知过程之外，学习者的其他心理成分同样是实施课程必须考虑的。

综上所述，课程就是受教育者在教育者的引导下所获得的经验，这些经验是教育者按照一定的社会需求和受教育者的身心发展水平，有计划、有目的地组织安排的。就目前而言，"课程是经验"的观点更加符合我国小学课程改革和发展的需要。

三、决定课程的几个基本关系

课程自产生之日起，便获得了自身的相对独立性。这就是说，一方面，它总是存在于一定的、具体的历史条件下，受制于政治、经济等力量；另一方面，它又有自己成长、发展的特殊规律。在课程内部客观存在着一些基本关系，它们的相互作用推动着课程的进步和发展，决定着课程的具体面目和不同流派。

（一）直接经验与间接经验的关系

伴随着课程的成长、成熟，有两种截然对立的声音逐渐形成，并且逐渐增强。一种声音是，课程应当给予学生间接经验（即前人的认识结果、已知真理）：另一种声音是，课程应当使学生获得直接经验。以间接经验为主的课程，典型的表现形式是学科课程，认为课程就是分别从各门科学中选择主要内容，组成不同学科，彼此独立地安排它们的顺序、学习时数和期限。以直接经验为主的课程，典型的表现形式是活动课程，认为课程应当是一系列学生自己组织的活动，学生通过活动完成学习，获得经验，培养兴趣，解决问题，发展能力。这是课程论中有代表性的两种主张。

以间接经验为主的课程历史比较悠久，但隐含着缺陷：它与人类一般认识及个人认识的过程是相悖的，不是来自生活和生产实践的需要，也不在学习之后直接回到实践中去，而是从概念到概念、从书本到书本。其积极的方面是赢得了教育的时间和速度，其消极的方面则是失去了认识的完整性和活力。当人们把它当作唯一的课程类型时，就必然造成学习者在发展上的局限：对于所学知识缺少深刻的理解，不善于将所学理论应用于实际，提出问题和解决问题的能力欠缺，态度、价值观的养成没有与知识的获得同步等。实际上，这样的缺陷早已为许多教育家所意识到，并且从不同角度进行了思考和批评，而在这些思考和批评中，经常将直接经验作为武器来使用。

杜威是最自觉、清醒地论证了直接经验在个人成长中的意义，以极大的魄力，将儿童个体的直接经验加以规范和具体化为课程，并且付诸实践的教育家。他使得直接经验进入学校课程，获得正式地位，与以间接经验为主的课程分庭抗礼。在杜威的实验学校中，传统的学科课程不复存在，学生通过各种各样的活动学习知识和技能，开创和形成了教育史上能够与传统的以间接经验为主的学科课程相对立、相抗衡的活动课程体系。

在今天世界范围的课程实践中，各种以学生直接经验为主的课程已经成为现代课程结构中的有机组成部分，融入了现代课程的主流。当代教育的发展表明，如何使学生在获得系统科学知识的同时，实现个性的全面发展，已经成为越来越突出的问题。在不同国家的课程改革中，都将学生直接经验的获得放在重要地位，希望学生在各种各样的亲身经历和体验中锻炼能力、陶冶情感、发展智慧。

在我国传统的小学课程中，学生的直接经验是相当缺乏的，因此在今后的课程改革与发展中，如何在小学课程中增加学生的直接经验，将成为重要的理论和实践课题。

（二）知识与能力的关系

课程究竟是应当给学生某种完整的或某种意义上实用的知识储备，还是通过传授知识来发展学生的各种能力呢？这是课程必然要回答的问题，也是课程历史上的十分古老的问题。

18 世纪前后，形式教育派与实质教育派就知识与能力的关系进行了长期争论。在这次争论中，强调课程以传授知识，特别是科学知识的实质教育派，获得了最后的胜利，结果是主要以自然科学为基础和内容的课程大规模地发展起来。

自 20 世纪中叶以来，面对科学技术的迅速发展，人们意识到只关心给学生传授什么样的知识，课程内容已无法满足社会对教育的要求，于是将改革的目标定位于如何使学生通过课程的学习获得能力的良好发展，并且对于只关注知识的完整性、系统性的课程观进行了批判。与形式教育和实质教育的争论比较，这次的争论更为深入，表现为人们不再简单地将二者对立，而是努力将它们统一起来。

新中国成立以后，我国的课程改革是从引进西方课程开始的，实质教育派以知识为主导的思想理论对我国的课程实践影响最大。该理论虽然也提到了要培养学生的能力，但实际上，是将学生能力的发展作为学习知识的自然结果，过分地强调能力对知识的依赖。根据这样的思想，只要选择了正确的知识，学生能力的发展便有了保证。这样的课程观念对中国基础教育课程的发展产生了极为深远的影响，使课程的研究和改革始终围绕着知识的增减和选择展开，没有真正地从培养能力的角度进行有价值的探讨。因此，中小学生在能力发展上的不尽如人意，直至今日仍然是相当普遍的。在中小学各阶段，各门课程在知识总量上偏多，知识系统过于庞大，以致在课程实践中完成知识教学已经耗费了教师大量的时间和精力，无暇顾及学生能力的发展。

知识与能力之间存在着内在的联系，不能截然分开。没有任何知识能够完全凭借"灌输"而为学生所掌握，知识的掌握是通过个体一定能力的活动而得到的结果。因此，一定的能力是学生获取知识的必要条件。反过来说，也不存在完全不依赖于任何知识的能力，无知必然愚昧，能力的发展更无从谈起。学生只能根据自己现有的知识，去进行各种各样的活动，并在这些活动中形成、运用和提高能力。因此，一定的知识是能力形成和提高的基础。课程无论是知识取向的，还是能力取向的，知识与能力的这种内在的联系始终是存在的，但知识与能力又各自具有独立性，二者在存在方式上分属于不同的范畴。在发展上，彼此的独立性就更加明显。知识在量上的积累并不必然地导致能力的提高，能力的形成除了与知识相关以外，还有自己的规律和特征。为了处理好这一基本关系，使得课程能够将传授知识与发展能力真正统一起来，一个必须解决的任务就是建立起不同的学习方式。

能力的提高与发展，只能通过活动来实现，而目前，我国的课程基本上采取的是叙述和解释的方式，将知识直接呈现给学生。在这样的课程中，学生通常只能是教师讲授知识的接受对象，所从事的学习活动比较单调、被动，参与的心理机能以记忆、理解为主。在这种状况下，学生能力的提高自然是难以实现的。课程应当给予学生各种积极的、开放的、主动参与的机会，促使他们在各种积极的活动中得到能力的锻炼和提高，特别是创新能力和实践能力。

（三）分科与综合的关系

分科与综合的关系在课程发展的过程中也是由来已久的，但在很长的历史时期内并不是课程发展中的主要问题，只是在当代，才成为课程实践和理论研究中十分突出的课题，成为今天人们设计课程时不可回避、必须考虑和处理的关系。

古代或早期的课程是以整体、综合为特征的，但古代的综合是人类认识初级阶段的表现，是以人类对于自身和外部世界的模糊、不精确认识为基础的，并不是一种自觉的选择。

近代课程是分科的。课程近代化的标志之一，是建立在近代自然科学基础之上、相对独立设置的各门课程的出现和成熟。近代自然科学的发展是人类认识史和整个历史上最伟大的进步之一，分科课程的出现是这一进步的直接结果，或者说是这一进步在教育上的反映。这一进步标志着人类对于自然、社会及自身的认识，尤其是对于自然的认识，从整体、笼统到分化，在分化的程度上达到了前所未有的深度和高度。借助这一进步之功，分科设置的课程才可能出现，并进入学校教育领域，逐渐站稳脚跟。在近代教育历史上对课程作出卓越成就的著名教育家，主要贡献也是在分科课程领域，教育家夸美纽斯提出"百科全书式"的课程；赫尔巴特从培养兴趣出发，论证了分科课程的合理性；斯宾塞着眼于人的现实社会生活，论证分科的科学课程价值等。实际上，支撑世界范围内近代义务教育发展进程的，正是分科课程体系的逐步完善。

综合课程的研究和尝试在第二次世界大战后达到高潮，成为当代课程实践和理论发展中的一个重要的课题。究其根本，综合课程成为关注的焦点，有着很强的针对性和指向性，即分科课程的局限性，尤其是分科课程发展和相对成熟后显示出来的弊端。具体来说，即课程过分强调分科，或分科过细、过繁所导致的学科之间存在隔膜、相互封闭的状况，以及由此造成的学科之间的重复。人们希望通过综合课程，打破各学科之间的界限，建立联系。当然，提倡综合课程有着不同的着眼点。例如，从人的发展角度研究，认为分科导致学生认识和态度上的狭隘，不利于学生的全面发展；从人、自然、社会的不可分割性研究，分科无法反映这几个方面的内在联系。但说到底，课程综合化的主张主要是针对分科课程而言的，综合主要是作为分科的对立面产生、存在和发展的。

分科与综合反映了人类认识的两种基本方式，即分析与综合，这是认识论的两个基本范畴，分析的方式注重探究事物自身的特征，注重了解特定事物的个性和特殊规律；综合的方式则强调事物之间的联系、不同事物之间的共性和普遍规律。就人类认识的终极目标来说，这两种方式都是不可或缺的；就人类个体的认识能力来说，缺少其中任何一种方式，都将是发展上的不平衡；就人类认识的历史过程而言，这两种方式共同发挥着动力作用，就具体的历史阶段而言，两种方式的地位会变化、转换。课程的发展与上述状况有相似之处，当人们强调和追求其中一个方面时，便分别赋予课程不同的功能，体现不同的认识方式和不同的认识结果。在认识上如此，在思维方式的训练上也是如此。就课程结构而言，包括了分科与综合两个方面才是全面的，就学习者的认识和思维的结构而言，包括了分析与综合两种方式才是合理的。

在这一关系上，中国面临的问题与世界基本趋势是一致的，即主要在于分科绝对化。以目前的小学课程为例，课程计划中的活动课程、自然课程和社会课程本来都是综合性的，但由于长期以来缺乏必要的研究，在实施课程计划时又缺乏有效的培训和管理，致使相当数量的小学教师和管理者对这些课程性质的认识十分模糊，从而导致这些课程在实际上成为分科课程。目前的基础教育课程改革将综合化作为一项主要任务，有着深远的意义，今后，加强综合化是小学课程的长期任务和目标。

（四）人文主义与科学主义的关系

1．人文主义课程的基本特点

在课程目的上，人文主义课程重视人，崇尚个性，课程的根本目的在于为个体的发展和幸福服务，个性的和谐、理性的培育、情操的陶冶、身心发展的平衡等都是人文主义课程所追求的目标。简而言之，就是注重课程对于整个人的塑造和影响。

在课程内容上，人文主义课程提倡广泛的课程范围。因为标榜人性的完满、个性的丰富，必然要求课程本身基础和内容的广博。人文主义课程对于科学的进步也表现出容纳和肯定，但这种容纳和肯定是从个性完满发展的需求出发，与科学主义课程完全不同。

在课程实施的过程中，人文主义课程充分地尊重儿童、热爱儿童，重视受教育者的需求和兴趣，讲究教学方法，提倡学习的积极主动性。

2．科学主义课程的基本特点

在课程目的上，科学主义课程强调科学本身的价值和力量。课程要为科学的发展和进步服务，即使提到课程对于个人和社会的意义，也会归结到二者对于科学的依赖或者科学对于二者的巨大影响上来。

在课程内容上，科学主义课程提倡和推崇科学，重视各门科学知识在学校教育课程体系中的地位，并不断增加自然科学的内容，及时吸收科学发展的新成就。

在课程实施的过程中，科学主义课程对于方法和形式，同样讲究科学性，讲究效率。即使关注学习者个体的兴趣、爱好和差异，也是从获取更好的学习结果出发，而不是从学习者个性发展的需求本身出发。

3．人文主义课程与科学主义课程的冲突

科学主义课程的产生要晚于人文主义课程。在有了人文主义思想对封建神学的批判和否定之后，才有了近代科学和科学课程。后来，二者逐渐分道扬镳，甚至出现了对立和冲突，其中有两次冲突格外激烈。

第一次冲突是科学主义的课程基本形成并且在学校站稳脚跟，这一时期科学主义课程代表着课程的进步趋势。按照某些学者的观点，这一次冲突持续了 200 年。事实上，

在斯宾塞大声为科学主义课程摇旗呐喊的19世纪中叶，英国相当数量的中学课程设置仍然是人文主义的古典科目占据统治地位，拉丁文和希腊文的教学时间占全部教学时间的三分之二。在两种课程的争论中，科学主义者抨击人文主义课程空疏无用，落后于时代，人文主义者则批评科学主义课程表现出狭隘的功利主义倾向。伴随着这种争论，科学主义课程逐渐在早期的资本主义国家获得了地位，成为中小学课程的主流。

第二次冲突是人文主义课程对科学主义课程主流的冲击，这一时期，人文主义课程代表着课程的进步趋势。这次冲突在20世纪中叶后逐渐激烈。人们在享受科学技术带来的种种便利的同时，也看到了它的另一面：生态环境受到灾难性破坏、现代化武器可能毁灭人类等危险，几乎都与科技进步有着直接的关系。这就迫使人们不得不正视科学主义的负面影响和消极作用，思考科学主义的弊端，并且用人文主义与之抗争。一般来说，课程中的科学主义弊端表现为将科学知识的价值凌驾于人的价值之上，视受教育者为工具，学生沦为知识的载体和科学的奴仆，更严重的是对人的存在、人的个性的漠视和否定，课程不再是培养人的手段而成了目的，科学不再是人认识、把握外部世界的工具而成了高高在上的权威。面对这些现象，人们自然希望依靠人文主义制衡，于是，人文主义课程传统又开始复兴，并对科学主义课程进行批判和否定。

四、课程的类型

（一）分科课程

分科课程，又叫学科课程，是一种单学科的课程组织模式，它强调不同学科门类之间的相对独立性，强调一门学科的逻辑体系的完整性。从课程开发来说，分科课程坚持以学科知识及其发展为基点，强调学科知识的优先性；从课程组织来说，分科课程坚持以学科知识的逻辑体系为线索，强调学科自成一体。

（二）综合课程

所谓综合课程，是指这样一种课程取向：有意识地运用两种或两种以上学科的知识观和方法论，去考察和探究一个中心主题或问题。如果这个中心主题或问题源于学科知识，那么这种综合课程即是"学科本位综合课程"（或称"综合学科课程"）；如果这个中心主题或问题源于社会生活现实，那么这种综合课程即是"社会本位综合课程"；

如果这个中心主题或问题源于学生自身的需要、动机、兴趣和经验，那么这种综合课程即是"经验本位综合课程"（或称"综合经验课程""儿童本位综合课程"）。

（三）活动课程

活动课程，又称经验课程、生活课程、儿童中心课程，是以学生的主体性活动的经验为中心，以开发与培育主体内在的、内发的价值为目标，以学生的兴趣、动机、经验为基本内容，旨在培养具有丰富个性的主体而组织起来的课程。由于学生总是生活在特定的社会和文化之中，所以为了提升学生的经验和价值，活动课程把学生感兴趣的当代社会生活问题和学科知识转化为学生的经验，作为课程的内容。活动课程的基本着眼点是学生的兴趣和动机，以学生的兴趣和动机为课程和教学组织的中心。活动课程的主导价值在于，使学生获得关于现实世界的直接经验和真切体验。

五、必修课与选修课

（一）必修课程与选修课程

必修课程是某一教育系统或教育机构规定学生必须学习的课程种类。在我国基础教育领域，必修课程主要是指同一年级的所有学生都必须修习的公共课程，是为保证所有学生的基本学力而开发的课程。其主导价值在于培养和发展学生的共性，体现对学生的基本要求。

选修课程是在某一教育系统或教育机构中，学生可以按照一定的规则自由地选择学习的课程种类。它依据不同学生的特点与发展方向，容许个人选择，是为适应学生的个性差异而开发的课程。其主导价值在于满足学生的兴趣和爱好，培养和发展学生良好的个性。

（二）必修课程与选修课程的关系

必修课程与选修课程构成了一对课程范畴。学生的发展，既是具有共性的，又是有差别（个性）的，所以适应学生共同需要的必修课程与适应学生特殊需要的选修课程必须相互结合，形成一个有机的整体。

在新课程体系中，必修课程一般是以国家课程的形式出现的，选修课程一般是以地方课程或校本课程的形式出现的。考虑到小学是打基础的阶段，《基础教育课程改革纲要（以下简称《纲要》）对小学阶段没有提出开设选修课程的要求，但这并不限制有条件的地方和学校在开设好必修课程的同时，开设一些可供小学生选择的课程。而对初中和高中，《纲要》则提出了明确的要求，初中阶段"学校应努力创造条件开设选修课程"，高中阶段"在开设必修课程的同时，设置丰富多样的选修课程"。显然，国家对小学、初中和高中开设选修课程的要求是逐步提高的。开设选修课程是促进初中、高中学生个性发展的有力保证，是正确引导初中、高中学生分流发展的重要举措，是使各初中、高中学校主动适应本地经济和社会发展的有效手段，同时也是体现地方、学校办学特色的重要方面。

六、国家课程、地方课程和校本课程

国家课程、地方课程和校本课程是从课程设计、开发和管理主体来区分的三种类型。其中，国家课程的主导价值在于通过课程体现国家的教育意志，地方课程的主导价值在于通过课程满足地方社会发展的现实需要，校本课程的主导价值在于通过课程展示学校的办学特色和宗旨。

（一）国家课程

国家课程是指由国家统一组织开发，并在全国范围内实施的课程。国家课程有广义和狭义之分。广义的国家课程指的是国家有关部门制定和颁布的各种课程政策，例如我国教育部制定、颁布的课程管理与开发政策、课程方案、各类课程的比例和范围、教材编写，以及审查和选用制度等；狭义的国家课程指的是国家委托有关部门或机构制定的基础教育的必修课程或称核心课程的课程标准或大纲。无论是广义的国家课程，还是狭义的国家课程，都集中体现了国家的意志，具有统一规定性和强制性的特征。

（二）地方课程

地方课程是指由地方组织开发，并在本地实施的课程，也有广义和狭义之分。广义的地方课程既包括地方对国家课程在本地的管理和实施，又包括地方自主开发的只在本地实施的课程；而狭义的地方课程专指地方自主开发实施的课程，即由地方根据国家的教育方针、课程管理政策和课程计划，在关注学生共同发展的同时，结合本地的优势和传统，充分利用本地的课程资源，直接反映地方社会、经济和文化发展的需求，自主开发并实施、管理的课程。一般情况下，人们所说的地方课程都是狭义上的地方课程。

（三）校本课程

校本课程是指由学校根据本校实际自主开发，并在本校实施的课程，其主导价值在于体现学校的办学特色，提升学校的办学水平，并有助于学生的个性发展。对于校本课程，可作两个层次的理解：一是广义的校本课程，指的是学校所实施的全部课程，既包括学校所实施的国家课程和地方课程，又包括学校自己开发的课程；二是狭义的校本课程，即学校设计开发的课程，指的是学校在对本校学生的需求进行科学评估，并充分考虑当地社区和学校课程资源的基础上，以学校和教师为主体，开发旨在发展本校学生个性特长的、多样的、可供选择的课程。它是学校在实施好国家课程和地方课程的前提下，根据学校实际条件和需要，开设的具有学校自身特点的课程。

（四）国家课程、地方课程与校本课程的关系

无论是国家课程、地方课程，还是校本课程，都是课程结构中不可或缺的重要组成部分，在课程设置方案中都占有一定的课时比例，并通过具体的科目、门类，落实到学校的教育教学中去，发挥各自独特的育人功能。当然，这三类课程不是截然分开的，而是有机地整合在一起的，有彼此促进的关系。

1. 显性课程

显性课程，也称正式课程或正规课程。显性课程是相对于隐性课程而言的，是指在学校课程体系中，为实现一定的教育目标而设计的具有实际形态、并以外显方式出现的课程，是按照预先编订的课程表实施的有目的、有计划、有组织的活动。其主导价值在于明确教育目标，对学生的发展能够产生直接的影响。

显性课程一般要求学生必须学习并通过考核，达到明确规定的教育目标。我国的显性课程在课程内容选择和编排上，选择了以数学、语文、历史、物理和化学等学科为主的课程内容。按一定的顺序组织课程的内容，并考虑学生的智力发展水平，我国的显性课程基本采用以学科本位为中心的设计方式。

2．隐性课程

隐性课程，又叫潜在课程、潜隐课程、隐蔽课程。隐性课程主要通过感染、暗示、同化、激励和心理调适等多种功能，改变着学生的情绪与情感、行为规范和生活方式，对学生起到潜移默化的作用。

隐性课程具有两种存在形态：一是非预设的隐性课程，在这种课程中，对学生产生影响的因素是自发的，没有经过精心组织的。在这个意义上，隐性课程指的是课程计划中没有明确规定的、无形的，但在学校教育中对学生的发展起着重要作用的那些课程。二是预设的隐性课程，即影响学生的因素经过了有意图的设计和组织。在这个意义上，隐性课程是指精心设计的、不具有实际形态的，但对学生的发展产生潜在影响的课程。其主导价值在于通过渗透的方式，对学生的发展产生熏陶作用，以影响和改变学生的思想意识。隐性课程一般具有以下特点：

（1）非预期性，即它的影响是非预期的。这种影响既可能是消极的，又可能是积极的。

（2）潜在性。对于学生而言，他们在从事学校实践活动的过程中，在不知不觉中接受了隐含于其中的教育内容的影响。

（3）复杂性。学校的实践活动丰富多样，学生从中受到的潜在影响也是多种多样的，学校所在地区的经济、政治和文化等也会成为影响学生的因素。

（4）隐蔽性。隐性课程主要是通过无形的内容，对学生的感官、情感和心灵进行持久的、反复的刺激和影响，使学生在不知不觉中接受、熏陶和感染。

七、课程的理论流派

学科中心课程理论，又称知识中心课程理论，是出现最早、影响最广的课程理论，主要代表人物有夸美纽斯、赫尔巴特、斯宾塞、布鲁纳和施瓦布等。该课程流派的主要观点包括：知识是课程的核心；学校课程以学科分类为基础；学校教学以分科教学为核心，以学科基本结构的掌握为目标；学科专家在课程开发中起重要作用等。

从其基本观点可以看出，学科中心主义看到了学科知识的发展价值，看到了现代社会知识剧增带来的社会知识增长的无限性与个体知识增长的有限性之间的矛盾，试图通过学科结构的掌握来解决这一问题，有其积极的意义。但是，由于学科中心主义过分注重知识，强调学科逻辑，重视学术性，以致对于经验、心理逻辑和实用性有所忽视，且具有浓厚的精英主义色彩。

（一）活动中心课程论

活动中心课程，又叫儿童中心课程或经验课程，其主要代表人物有美国的杜威及其学生克伯屈。

活动中心课程的主要观点包括以下几个方面：

第一，主张学生是课程的核心，一切学习都来自于经验，学习就是经验的改造或改组。

第二，主张学习必须与个人的特殊经验发生联系，教学必须从学习者已有的经验开始。

第三，主张打破严格的学科界限，强调在活动中学习，而教师从中发挥协助的作用。

活动中心课程看到了学科中心主义的不足，看到了学生在学习中的作用，对于现代课程的改造起到了重要的理论指导作用。但由于它过分注重经验，强调心理逻辑，重视实用性，以致对于知识的系统性、学科自身的逻辑性和学术性照顾不够，具有浓重的实用主义和自然主义色彩。

（二）社会中心课程论

社会中心课程理论，又称社会改造主义课程理论，主张围绕重大社会问题，来组织课程内容的理论，代表人物有布拉梅尔德、金蒂斯和布厄迪等。

该理论流派的主要观点有以下几个方面：

第一，社会改造是课程的核心。

第二，学校课程应以建造新的社会秩序为方向，应该把学生看作社会的一员。

第三，课程知识应该有助于学生的社会反思，课程的价值既不能根据学科知识本身的逻辑来判断，又不能根据学生的兴趣和需要来判断，而应该有助于学生的社会反思，唤醒学生的社会意识、社会责任和社会使命。

第四，社会问题而非知识问题才是课程的核心问题。

第五，应吸收不同社会群体参与到课程开发中来。

社会中心课程理论树立了一种新的课程观念，主张课程的最终价值是社会价值，课程是实现未来理想社会的运载工具，开辟了课程研究的新方向。

第六节 基础教育课程改革现状及其发展趋势

一、我国基础教育课程改革概述

（一）新的课程改革的背景与进程

进入新世纪，各国的科学技术都突飞猛进，国际竞争也变得越发激烈，全球性问题的突出迫使人们对传统的教育发展模式进行反思。于是，在各种因素的影响下，人类逐步向一个崭新的知识经济时代迈进。这一深刻的社会变革对当今基础教育的课程发展提出了强有力的挑战，要求教育尤其是课程及时做出敏锐的反应。为了培养适应新世纪社会政治、经济发展对创新人才的需要，保证新世纪教育的质量，就必须根据新世纪社会的变革，来探索、研究基础教育课程改革的方案。

自新中国成立以来，我国至少进行了七次中小学课程教材改革，这体现了国家一直从关注、重视时代和社会发展的实际出发，不断地改革、发展和完善基础教育课程和教材，但总的来说，我国的课程体系仍存在以下问题：

第一，过于重视知识的传授，并且主要以机械灌输的方式进行，忽略了对学生自主学习能力的培养，也不利于对学生的操作能力和创新能力的培养。

第二，对学科知识缺乏整合，过于强调学科本位。不同学科之间缺乏联系与整合，学科知识较单一、片面。

第三，课程内容大多较难、较繁、偏旧，落后于时代发展的需要。

第四，课程管理过于集中。

第五，在课程评价上过于重视甄别与选拔。

因此，必须根据这些情况，对我国的基础教育进行新一轮的改革。

（二）新课程改革的内容要点

新的课程改革的内容主要体现在《纲要》中，主要由九部分内容组成。

1．指导思想

我国基础教育课程改革必须在党的教育方针指引下，以"教育要面向现代化，面向世界，面向未来"和"三个代表"重要思想为指导，全面贯彻党的教育方针，全面推进素质教育，确定了新课程体系的培养目标，以及改革的六个具体目标。

2．课程结构

课程结构主要通过三方面的改革来实现：

第一个方面，建立由分科课程、综合课程和综合实践活动课程构成的新课程结构。课程设计的共同原则是：以学生的学习态度、能力培养为主线，精选对终身学习与发展必备的基础知识、基本技能，努力体现教育内容的现代化，以及与社会经济、学生生活的联系，强调实践与探究，同时提供广博的科学知识背景。

第二个方面，关于必修课与选修课。选修课的开设，主要基于学生的兴趣与需要，占用地方、校本课程时间。高中选修课的多样性和高质量是改革的重点，目的是使课程具有多样性和选择性。

第三个方面，加强普通教育与职业技术教育的联系。在农村初中，推行通过"绿色证书"教育及其他职业技术的培训，让学生获得"双证"的模式；在城市中学，也要开设适合的职业技术课程。

3．课程标准

本次课程改革力图通过制定标准的形式，从知识与技能、过程与方法、情感态度与价值观三个维度，阐述各门课程的目标，强调每门课程对学生终身学习与发展的价值，注重学生经验、学科知识和社会发展三方面内容的整合，遵循学生身心发展的规律，突出课程为学生发展服务的理念。

4．课程实施

课程实施主要围绕教与学两个方面，探讨教学规范的转型，重建教、学、教材、教师与学生的概念，强调学习方式的转变等问题。同时，倡导信息技术在教学过程中的普及与应用。

5．教材的开发与管理

新一轮课程改革在教科书建设方面，坚持"抓大放小"的原则。制订具有一定开放性课程的计划框架，集中力量建设《国家义务教育阶段课程标准》，为教科书的"一标多本"建立课程开发平台，让教科书走向市场，鼓励社会各界学有专长的人士加入教科书相关体系的建设中来。同时，为了确保教科书的质量，国家将制定教科书编写资格的认定制度与教科书的审定制度，倡导积极开发并合理利用校内外各种课程资源。

6．课程评价

新课程倡导评价的发展功能，强调对学生的发展价值、对教师的发展价值，以及对课程本身的改善价值，建立发展性的课程评价体系。

7．课程管理

在课程的开发与管理上，改革过去国家管理过于集中的做法，实行有指导的、逐步的放权，以有效提高课程为当地社会经济发展服务的适应性，建立国家、地方和学校课程的三级管理模式，明确国家、地方和学校三级课程的管理职责。

8．教师的培养与培训

新课程倡导课程共建的文化，教师再也不是由专家编写的教科书的忠实执行者，而是与专家、学生及其家长、社会人士等一起建构新课程的合作者；教师再也不是一种只知"教书"的匠人，而是拥有现代教育观念、懂得反思技术、善于合作的探究者。

9．课程改革的组织与实施

本次课程改革，提出"先立后破"、先实验后推广的理念。同时，试验区将分层推进，滚动发展，发挥示范、培训和指导作用，建立推动基础教育课程改革的支持体系。

二、课程目标

《纲要》是我国基础教育新课程改革的基本文件，不仅提出了新课程的培养目标，而且提出了本次基础教育课程改革的六项具体目标。

（一）新课程培养目标

新课程的培养目标在《纲要》的阐述与《义务教育课程设置实验方案》中的表述是

完全一致的，主要包括以下六个要点：

第一，使学生具有爱国主义、集体主义精神，热爱社会主义，继承和发扬中华民族的优秀传统和革命传统。

第二，具有社会主义民主法制意识，遵守国家法律和社会公德。

第三，逐步形成正确的世界观、人生观和价值观，具有社会责任感，努力为人民服务。

第四，具有初步的创新精神、实践能力、科学和人文素养，以及环境意识。

第五，具有适应终身学习的基础知识、基本技能和方法。

第六，具有健壮的体魄和良好的心理素质，养成健康的审美情趣和生活方式，成为有理想、有道德、有文化、有纪律的一代新人。

（二）新课程改革的目标

本次课程改革的目标，主要在于使我国基础教育阶段的课程实现以下六个方面的改变：

第一，改变课程过于注重知识传授的倾向，强调形成积极主动的学习态度，使获得基础知识与基本技能的过程，同时成为学会学习和形成正确价值观的过程。

第二，改变课程结构过于强调学科本位、科目过多和缺乏整合的现状，整体设置九年一贯的课程门类和课时比例，设置综合课程，以适应不同地区学生发展的需求，体现课程结构的均衡性、综合性和选择性。

第三，改变课程内容繁、难、偏、旧和过于注重书本知识的现状，加强课程内容与学生生活及现代社会科技发展的联系，关注学生的学习兴趣和经验，精选终身学习必备的基础知识和技能。

第四，改变课程实施过于强调接受学习、死记硬背、机械训练的现状，倡导学生主动参与、乐于探究、勤于动手，培养学生搜集和处理信息的能力、获取新知识的能力、分析和解决问题的能力，以及交流与合作的能力。

第五，改变课程评价过分强调甄别与选拔的功能，发挥评价促进学生发展、教师提高和改进教学实践的功能。

第六，改变课程管理过于集中的状况，实行国家、地方和学校三级课程管理，增强课程对地方、学校及学生的适应性。

上述六点中的第二点涉及课程结构改革目标问题，这一目标是针对我国基础教育课程在课程结构方面存在的不足而提出的。我国原有的基础教育课程，在课程结构方面存在以下问题：

一是过于强调学科本位，以学科课程作为教学的唯一内容和依据，所提供的教材过于注重学科知识的逻辑系统，不能密切联系社会生活和学生经验，不利于学以致用能力的培养，而且极易导致重记忆、轻理解。

二是科目过多，课程门类分得过细，不仅难以突出各学科之间的联系，造成知识割裂，而且各学科强调各自体系的完整性，极易造成部分内容重复，从而使学生精力分散，学习负担过重。

三是缺乏整合，客观世界本来是一个有机的整体，各学科之间有着密切的联系，在现代社会生活中更蕴含着大量的知识问题，如环境问题、人口问题等都是跨学科的。所以，适应时代特点，必须加强各学科知识的整合，而现行课程在结构上彼此缺乏联系、缺乏整合的问题十分突出。

从课程类型来看，在学科课程与经验课程、分科课程与综合课程、选修课程与必修课程、国家课程、地方与校本课程等的关系上，我国原有的课程结构过于注重了前者，而忽视了后者。学生在这种单一课程的"滋养"下，片面发展在所难免。

此外，在学校课程中，各具体科目之间的比重也严重失衡，语文、数学等科目占据的比重过高，挤占了其他学科的时间，从而直接影响了学生的身心健康和全面发展。

三、课程结构

（一）对课程类型的调整

新一轮课程改革对原有的课程结构进行了调整。根据《纲要》《义务教育课程设置实验方案》，整体设置了九年一贯的义务教育课程。就调整的性质而言，是对各种课程类型，以及具体科目在学校课程体系中的价值、地位、作用和相互关系，进行重新认识和定位。

《纲要》第三条明确规定："整体设置九年一贯的义务教育课程"。设置义务教育课程，应体现义务教育的基本性质，遵循学生身心发展的规律，适应社会进步、经济发展和科学技术发展的要求，为学生的全面发展和终身发展奠定基础。基于此，本次课程改革将义务教育作为一个整体，九年一贯地进行课程设置。

"整体"是指将各类课程按横向关系组织起来，通过课程的横向组织，使各门课程在差异得到尊重的前提下有机整合起来，消除以往学科本位造成的学科之间彼此孤立，甚至壁垒森严的对立局面，使各门课程、各个学科产生合力，使学习者的学习产生整体效应，从而促进学生人格的整体发展。

"一贯"是指将各类课程按纵向发展序列组织起来。就一门课程而言，要强调连续性，使课程内容在循环中加深、拓展，并不断得到强化、巩固；就各门课程关系而言，要强调顺序性，使不同课程有序地开设，前后连贯，同时使课程门类由低年级到高年级逐渐增加。从而使学习者的学习产生累积效应，促进学生的可持续发展。

1．小学阶段以综合课程为主

小学低年级开设品德与生活、语文、数学、体育、艺术（音乐、美术）等课程；小学中高年级开设品德与社会、语文、数学、科学、外语、综合实践活动、体育、艺术（音乐、美术）等课程。

2．初中阶段设置分科与综合相结合的课程

初中阶段课程主要包括思想品德、语文、数学、外语、科学（或物理、化学、生物）、历史与社会（或历史、地理）、体育与健康、艺术（音乐、美术），以及综合实践活动。积极倡导各地选择综合课程，学校应努力创造条件开设选修课程。在义务教育阶段的语文、艺术、美术课中，要加强写字教学。

3．从小学至高中设置综合实践活动，并作为必修课程

从小学至高中设置综合实践活动，并作为必修课程，其内容主要包括信息技术教育、研究性学习、社区服务与社会实践，以及劳动与技术教育。强调学生通过实践，增强探究和创新意识，学习科学研究的方法，发展综合运用知识的能力。增进学校与社会的密切联系，培养学生的社会责任感。在课程的实施过程中，加强信息技术教育，培养学生利用信息技术的意识和能力，了解必要的通用技术和职业分工，形成初步的技术能力。

（二）对科目比重的调整

将语文所占的比重由原来的24%降至20%～22%，将数学所占的比重由原来的16%降至13%～15%，并对其他传统优势科目所占的比重进行了适当的下调。

将下调后积累下来的课时分配给综合实践活动和地方课程、校本课程。其中，综合实践活动拥有了6%～8%的课时，地方与校本课程拥有了10%～12%的课时。

四、课程内容

课程内容主要表现为课程计划、课程标准和教材。

（一）课程计划

1. 课程计划的内涵

课程计划，又称教学计划，是根据教育目的和不同类型学校的教育任务，由国家教育主管部门制定的有关教学和教育工作的指导性文件。

课程计划对学校的教学、生产劳动、活动等方面做出全面的安排。它从整体上规定着学校的性质、培养目标、教学目的和指导思想、教学内容的范围和学科设置、各阶段的教学进度、课时安排、教学效果的评价，以及课程管理办法。它是学校组织教育和教学工作的重要依据，也是学校安排整个课程检查、衡量学校工作和教学质量的基本依据。

2. 课程计划的主要构成

课程计划的内容主要包括课程设置、学科顺序、课时分配，以及学年编制和学周安排等。

课程设置就是根据国家的教育目的和各级各类学校的任务、培养目标和修业年限，来确定学校的学科和课程。学科顺序是根据修业年限、学科内容、各科之间的衔接、学生的发展水平、接受能力等因素，而确定学科开设的顺序。课时分配规定各门学科的教学时数，包括学科在一学年里的授课时数、每周的授课时数和各年级的周学时等。在课时安排的过程中，要根据学科的任务、作用、教材内容的多少和学科的难易程度来确定。学年编制和学周安排是指学年阶段的划分、各个学期的教学周数、学生参加生产劳动的时间、假期和节日的规定等。

（二）课程标准

1. 课程标准的内涵

课程标准是国家根据课程计划，以纲要的形式，编定的有关某门学科内容及其实施、评价的指导性文件，是对学生接受教育的结果所作要求的描述，是教育质量所应达到的具体指标。课程标准的核心内容包括对学科性质与地位的界定，对课程目标、课程内容及各学段的安排的说明，以及对教材编写、教学要求、教学建议和教学评价等的规定与要求。

2．课程标准的结构

本轮课程改革所推出的国家课程标准，在结构上主要包括以下五个部分的内容：

第一部分为"前言"。结合目前的课程改革，根据本课程门类的特点和要求，阐述课程的性质、课程基本理念和总体设计思路。

第二部分为"课程目标"。根据新一轮课程改革转变课程功能的要求，从知识与技能、过程与方法、情感态度与价值观三个维度，确定本课程门类的总目标与学段目标。

第三部分为"内容标准"。在大致划定本课程门类的内容范围和框架的基础上，用明确的行为动词，表述学习目标和学习结果（学生所应达到的学习程度的基本要求）。

第四部分为"实施建议"。为确保达到课程目标和内容标准而提出的课程实施建议，包括教与学的建议、评价建议、课程资源开发与利用，以及教材编写建议等。

第五部分为"附录"。包括本课程门类的有关附件，如教学活动案例、行为动词用法一览表等。

3．课程标准的作用

课程标准是教材编写、教学、评价和考试命题的依据，是国家管理和评价课程的基础。它对教师的工作有直接的指导意义，是评价教师教学质量和学生学习效果的标准和依据。

（三）教材

1．教材的概念

教材是供教学用的资料，如课本、讲义等。教材的定义有广义和狭义之分。

广义的教材指课堂上和课堂外教师和学生使用的所有教学材料，例如课本、练习册、活动册和故事书等。教师自己编写或设计的材料，也可称之为教学材料。学生利用计算机网络查找的学习材料也是教学材料。总之，广义的教材不一定是装订成册或正式出版的书本，凡是有利于学习者增长知识或发展技能的材料，都可称之为教材。

狭义的教材即教科书，它是依据课程标准编制的、系统反映学科内容的教学用书，是课程标准的具体化，通常是按学年或学期分册，划分单元或章节。它主要由目录、课文、习题、实验、图表、注释和附录等部分构成，其中，课文是教材的主体部分。

2．教材的编排

教材的编排是决定一个年级中某门学科的教学内容将按照怎样的次序组成，或这门学科内容在几个年级中的排列次序。我国中小学教材的编排方式一般有以下两种：

（1）直线式排列。这种排列方式是对某一学科教材内容，采取环环相扣、直线推进、不予重复的排列方式。也就是说，在教材的内容排列中，后面不重复前面已讲过的内容。

（2）螺旋式排列。它针对学习者的接受能力，按照繁简、深浅、难易的程度，使某一学科教材内容的某些基本原理重复出现，逐步扩展，螺旋上升。

3．教材的作用

教材是学生在学校获得系统知识，进行学习的主要材料，它可以帮助学生掌握教师讲授的内容，也便于学生预习、复习和完成作业。教材是学生进一步扩大知识领域的基础，所以教师要教会学生如何有效使用教材，发挥教材的最大作用。

教材也是教师进行教学的主要依据，它为教师备课、上课、布置作业、学生学习成绩的评定提供了基本材料。熟练地掌握教材内容，是教师顺利完成教学任务的重要条件。

五、课程实施

（一）影响课程实施的主体因素

课程实施的主体主要为教师、学生和校长，还可能包括各类各级教育行政部门、社会人士和其他专业人员。例如，在我国的新课程实施中，有许多专家到课程改革实验区进行指导，参与这一进程。在这里，我们就教师、学生和校长对课程实施的影响进行相关分析。

1．教师

教师是直接的课程实施者，教师参与课程实施的积极性与主动性，对课程实施的成败起着重要的作用。任何课程理论与方案，都需要教师的充分理解和转化，才能被合理、有效地运用于教学实践，体现其理论与实践价值。可以说，没有教师积极主动的参与，课程改革就难以获得预期的效果。

2．学生

在新的课程理念下，学生作为课程实施的重要参与者，对于课程实施进程的影响受到越来越多的关注。学生对于课程方案的态度，同样也影响着课程实施。每一个学生都有着不同的人生规划和学习目标，对于课程改革，他们可能有着与课程专家或教师不同的理解。

3．校长

学校是课程实施的主要机构，学校在课程开发、实施中的地位不容忽视。校长是学校课程实施的领导者，他们对于课程改革的影响，正成为许多课程学者研究的热点。校长对课程实施的影响，实际上涉及了课程实施的方方面面：

（1）根据新的课程方案，协调国家课程、地方课程和校本课程，规划学校具体实施的课程方案。

（2）选择或自主开发实施课程的内容（教材）。

（3）课程实施规章制度的制定，例如教师的任课情况和课时安排、课程的实施步骤等。

（4）提供思想与物质方面的支持。校长是激发教师群体动力的关键，能够给予教师实施新课程思想上的支持。校长重视课程实施，有助于解决课程实施中所需的设备、材料、空间和时间上的问题，给予课程实施物质上的支持。

（5）处理好有争议的课程问题。

（6）组织学校的文化建设。课程的成功实施，离不开学校合作性文化的建设，离不开教师与校长或教师之间的交流与合作。

（二）新课改背景下课程实施的特点

1．学生观

在学生观上，强调学生是发展的人、独特的人、具有独立意义的人。

2．学习方式

在学习方式上，提倡自主、合作、探究的学习方式。

3．教师观

在教师观方面，从教师与学生的关系看，新课程要求教师是学生学习的促进者；从教学与研究的关系看，新课程要求教师是教育教学的研究者；从教学与课程的关系看，新课程要求教师是课程的建设者和开发者；从学校与社区的关系看，新课程要求教师是社区型的开放教师。

4．教学行为

在教学行为方面，在对待师生关系上，新课程强调要尊重、赞赏；在对待教学关系上，新课程强调帮助、引导；在对待自我上，新课程强调反思；在对待与其他教育者的关系上，新课程强调合作。

六、课程评价

课程评价是教育领域中教师、教育管理工作者或有关人员经常进行的一种特殊认识活动，其目的在于作出各种决策，保证课程的有效性与合理性。课程评价可以对课程的合理性作出价值判断，给课程决策者提供信息反馈，以便课程执行者在课程实施的过程中进行适当的控制与调试。

课程评价是课程实施的重要环节，课程设计者可以利用课程评价来获取信息，在下次课程开发、课程设计的过程中进行科学改进。

（一）课程评价的类型

1．以评价标准为依据的分类

（1）相对评价（常见模式参照评价）。相对评价是指以评价对象群体的平均水平或其中的某一对象的水平为参照点，确定评价对象在群体中的相对位置或与群体中某一个体之间的差距的一种评价。例如，对某一课程统考成绩的评价，通常是以该校所在市（县）统考的平均水平作为评价的基准，以该校成绩在一个市（县）中所处的地位来判断的。这种评价的优点是：不受集体整体水平的限制。就是说，无论集体的整体水平如何，都可以比较优与劣、先进与落后。其缺点是：判断依据会随着集体的不同而发生变化，因而对于不同集体中的个体就难以比较。

（2）绝对评价（目标/标准参照评价）。绝对评价是指在评价对象群体之外，以某一预定的目标或标准为客观参照点，确定评价对象达到标准绝对位置的一种评价。例如，以新的课程标准作为课程教学的评价标准。绝对评价的优点是：其标准比较客观，如果评价是准确的，那么评价之后，每个被评价者都可以明确自己与客观标准的差距，有利于发扬优点，克服缺点。同时，可直接鉴别各项目标的完成情况，明确今后工作的重点。其缺点是：客观标准很难做到客观，在制定和掌握评价标准时，容易受到评价者的教育价值取向和经验的影响。

（3）个体内差异评价。个体内差异评价是把评价对象群体中每个评价对象个体的过去与现在进行比较，或者把个体的有关侧面进行相互比较，从而得到评价结论的评价类型。例如，把某学生过去的学业成绩与现在的学业成绩进行纵向比较评价，从而评价该生学习成绩的进步情况，或者把该学生所修的各门课程的成绩进行横向比较，从而找出该生学习各门课程的成绩差异。这种评价的优点是：有利于自我发现差距。其缺点是：由于被评价者不与他人相比较，这就难以找出自己在群体中的真正差距。

（4）档案袋评价，也称成长记录袋评价、卷宗评价等。目前，国内外对其概念和内涵没有一个统一的表述。档案袋评价是借助档案而对评价对象进行的客观的、综合的评价。它是一种通过建立和查阅学生学业或个人发展的档案，从而评价个体内差异和比较个体与他人之间差异的一种评价方法。其评价的重点是，学生过去的发展情况和以后的发展基础。

2．以评价作用为依据的分类

（1）诊断性评价。诊断性评价是指在课程实施之前，为预测学习者已有的认知、情感和技能方面的准备程度而作出的评价。其目的是了解评价对象的现状、存在的问题或可能的原因，以便采取适当措施对症下药。"诊断"具有较广的含义，既包括辨别不足或问题及其原因所在，又包括识别各种优点和特殊才能禀赋。例如，教师对学生进行诊断性评价，目的是给差生设计一种补救性的教学方法，以排除其学习上遇到的困难。同时，对较好的学生，根据他们的优点设计一些教学方式，促进其更好地学习。诊断性评价不仅重视诊断症状，而且重视治疗及指导，这种评价常常在某项活动实施之前进行。

（2）形成性评价。形成性评价是通过诊断教育方案或计划、教育过程与活动中存在的问题，为正在进行的教育活动提供反馈信息，以提高实践中正在进行的教育活动的质量的一种评价。一般地说，形成性评价不以区分评价对象的等级为目的，不重视对被评对象进行等级鉴定。评价的目的在于了解某项教学活动的效果，探明计划的失当之处，评价的结果在于及时发现问题，以便调整课程计划或教学活动。形成性评价直接指向正在进行的教育活动，以改进这一活动为目的，因此它只能是在教育过程中进行的评价，一般并不涉及教育活动的全部过程。在教育方案的评价中，形成性评价通过对社会需要、活动参与者的需要的评定、可行性研究、实施过程存在的问题等方面的调查，将其目的指向改进教育活动的质量。形成性评价是内部导向的，评价的结果主要供那些正在进行教育活动的教育工作者参考。

（3）过程性评价。过程性评价是课程实施过程中的评价，它贯穿于教学活动的始终，目的是了解全过程的活动表现情况，而不是关注活动效果。它重视质的分析和价值取向的判断，综合考察全过程的活动和表现状况，并做出解释性描述。

（4）发展性评价。发展性评价贯穿于活动过程的始终，也是一种过程评价。发展性评价通过系统地搜集评价信息和进行分析，对评价者和评价对象双方的教育活动进行价值判断，实现评价者和评价对象共同商定发展目标的过程。其目的是从发展的角度判断课程实施的状况和教学的效果，主要是了解学生素质的全面发展情况，并用发展的眼光去分析问题，作出判断。发展性评价是形成性评价的延续和发展。当前，我国推行的素质教育和新课程的试验实施，都将发展性评价置于重要的地位。

（5）总结性评价。总结性评价在国内也被译为终结性评价。一般是在课程设计和实施结束后，对评价对象的整体效益作出价值判断而进行的评价。它的一个重要功能就是确认达成目标的程度。总结性评价的直接目的是对教育效果作出判断，从而区别优劣、分出等级或鉴定合格与否，是与教学效能核定联系在一起的，它给个体的决策、教育资源投资优先顺序的抉择等提供了依据。

3．以评价与目标的关系为依据的分类

（1）目标本位评价。目标本位评价是以目标为基础进行评价，旨在测定教育目标在课程与教学中究竟实现了多少。教育目标是指学生行为的改变，因此评价最终是考察这些行为改变究竟实际发生到什么程度。目标本位评价首先是由被称为"当代教育评价之父"的美国课程评价专家泰勒提出的，其典型代表是泰勒的评价模式和布卢姆的评价体系。目标本位的评价要点明确、重点突出、操作性强，为判明学生学业的进展情况提供了有用的帮助，在实践中运用广泛，在课程评价中至今仍占有重要的地位。但目标本位评价过分强调目标，往往窄化评价的内容，容易忽略教学生活的丰富意义，压抑教学的自主性，具有一定的狭隘性。

（2）目标游离评价。目标游离评价是由美国学者斯克里文提出的，是针对目标本位评价的缺陷而提出的一种评价类型。它要求脱离预定目标，重视课程与教学的所有结果，包括非预期结果。目标游离评价的倡导者提出，事先不应把课程的目的、目标告诉评价者，而应当让评价者全面地收集关于课程实际结果的各种信息，无论这些结果是预期的，还是非预期的，是积极的，还是消极的，这样才能真正对课程作出正确的判断。

他们认为目标本位评价容易受计划目的的限制,因而也就太容易使计划受到使用者和设计者的影响。并且,正式规定的目的,往往内容狭窄,易于简单化、表面化。严格按目的行事,往往会大大地限制评价的范围及其深远的意义。采用目标游离评价则评价重点由"计划想干什么"转变为"实际干了什么",评价者就可以在没有偏见的情况下自由地肯定其优点。

（二）新课程的评价观

1. 学生评价的改革重点

（1）建立评价学生全面发展的指标体系。不仅要关注学生的学业成绩,而且要发现和发展学生多方面的潜能。评价指标体系包括学生的学科学习目标和一般发展目标,例如学生在道德品质、学习的愿望和能力、交流与合作、个性与情感,以及创新意识和实践能力等诸多方面的发展。一般性发展目标是融合在学科学习目标中实现的。

（2）关注过程性评价。关注过程性评价,即重视采用灵活多样、具有开放性的质性评价方法,而不仅仅依靠纸笔考试作为收集学生发展证据的手段,及时发现学生发展中的需要,帮助学生认识自我、建立自信,激发其内在的发展动力,从而促进学生在原有水平上获得发展,实现个体价值。

（3）实现评价方式多样化。考试只是学生评价的一种方式,要将考试与其他评价方法有机结合起来,例如与开放性的质性评价方法有机地结合起来,全面描述学生发展的状况。改变纸笔测验是考试的唯一手段,根据考试的目的、性质和对象等,选择灵活多样的考试方法,加强对学生能力和素质的考查;改变过分注重分数、简单地以考试结果对学生进行分类的做法,应对考试结果做出分析、说明和建议,形成激励性的改进意见或建议,促进学生发展,减轻学生压力。

2. 教师评价的改革重点

（1）建立发展性教师评价制度。打破唯"学生学业成绩"论教师工作业绩的传统做法,建立不断促进教师提高教学水平的评价指标体系。其可包括教师的职业道德、对学生的了解和尊重、教学实施与设计,以及交流与反思等。一方面,以学生全面发展的状况,来评价教师工作业绩;另一方面,关注教师的专业成长与需要。建立促进教师教学水平不断提高的评价指标体系,是发展性教师评价制度的基础。

（2）建立共同参与和反馈式的教师评价制度。强调以"自评"的方式,促进教师教育教学反思能力的提高,倡导建立教师、学生、家长和管理者共同参与的、体现多渠道信息反馈的教师评价制度。一方面，通过评价主体的扩展，加强对教师工作的管理和监控；另一方面，旨在发展教师的自我监控与反思能力，重视教师在自我教育和自我发展中的主体地位。

（3）建立"以学论教"的发展性课堂教学评价模式。打破关注教师的行为表现、忽视学生参与学习过程的传统的课堂教学评价模式，建立"以学论教"的发展性课堂教学评价模式。即将课堂教学评价的关注点转向关注学生在课堂上的行为表现、情绪体验、过程参与、知识获得，以及交流合作等诸多方面，使教师的"教"真正服务于学生的"学"。这一转变，无疑会给教师教学能力的重新界定和学校教学管理的开展，带来巨大的冲击。

3．对课程实施评价的改革重点

（1）建立促进课程不断发展的评价体系。结合本次课程改革三级课程管理的要求，从教育行政部门、学校和教师等多个层面，周期性地对课程执行的情况、课程实施中的问题进行分析评估，包括实验方案、实验准备、实验启动、常规建设、观念转变、教学实施、学习评估，以及课程开发与管理等方面，从而调整课程内容，改进教学管理，形成课程不断革新的机制。

（2）以学校评价为基础，促进新课程的实施与发展。学校是课程实施的基本单位，为此，打破唯升学率论学校办学质量的传统做法，将课程的实施与发展和促进学校办学质量的发展相结合，从学校领导班子、制度与管理，以及教学研究制度等方面，建立促进学校发展的评价体系；建立由教育行政部门、学校、家长和社区共同参与的学校评价制度，共同加强对学校课程建设与实施等各方面的监控。

七、课程管理

《纲要》指出："为保障和促进课程适应不同地区、学校、学生的要求，实行国家、地方和学校三级课程管理。增强课程对地方、学校和学生的适应性。"三级课程管理是一个管理层面的概念，从课程管理的角度出发，把基础教育课程管理的主体由单一的国家管理扩大为国家、地方和学校三级共同管理，地方和学校也参与到课程管理中来。地方和学校从原来对课程的机械接受、被动执行，转变为分别从自身的角色定位出发，根据三级课程管理体制下所享有的课程管理权限，承担相应的管理责任和义务，与中央一起，共同对基础教育课程进行创造性的管理。

（一）国家对基础教育课程的管理

国家对基础教育课程的管理，改变了过去权力过度集中在中央的现象。国家对课程的管理，主要有以下四个方面：

1. 总体规划基础教育课程

以"三个面向"为指针，从基础教育是社会发展的全局性工程、先导性工程的高度出发，充分考虑满足学生终身发展的实际需要，对基础教育课程进行整体规划，国家是课程改革与发展的总设计师。通过规划，努力建立新的基础教育课程体系框架，引领全国基础教育课程改革的基本走向，为我们描绘了一幅基础教育课程发展的全景画面和蓝图。

2. 制定课程管理的各项政策

国家从宏观管理的角度，制定与课程改革相关的大政方针。现阶段，就本次基础教育课程改革而言，最主要的纲领性文件就是《纲要》，它明确了课程改革的指导思想，拟定了课程功能、课程结构、课程内容、课程实施、课程评价和课程发展六个课程改革的目标。在《纲要》的统领之下，已经出台和将要出台一系列课程政策文件，如《地方课程管理指南》《学校课程管理指南》《综合实践活动课程开发指南》《加强以校为本的教研制度建设的指导意见》等。这些政策文件更为具体地搭建起了课程改革的整体框架，分门别类地对课程改革的方方面面进行指导，保障了课程改革实践的有效推进。

3. 制定基础教育课程标准

课程标准体现了国家对基础教育课程的基本规范和质量要求，体现了国家对公民素质的基本要求，是绝大多数学生经过努力都能够达到的目标。课程标准是对学生发展的最低要求，有了这个最低要求，就能很好地把握学生的培养质量，保证教师的教学水平，也克服了教学大纲过强过高的刚性束缚。国家通过制定课程标准，来引导和控制培养目标的达成、教学质量和水平的提高。课程标准对教材、教学和评价具有重要的指导意义，是教材编写、教学实施和教学评价的基本依据。

4. 积极试行新的课程评价制度

课程评价是事关课程改革成功与否的非常关键的一根指挥棒，是一种重要的课程管理手段，对课程起着全方位的导向和监控的作用。从某种意义上说，有什么样的评价制度，就会形成什么样的课程理念，产生什么样的课程行为。课程评价改革是一项难度非常大，却又必须做好的工作，因此国家调动各方面的力量，努力研究、构建新的课程评价体系，通过新的课程评价制度的建设，努力转变过去的评价目的、评价功能和评价方式等，带动地方和学校形成新的课程评价观念和意识，并落实到课程改革实践中去。

（二）地方对基础教育课程的管理

地方对课程的管理，主要有以下三个方面：

1. 贯彻国家课程政策，制订课程实施计划

省级教育部门应根据国家的课程计划和课程管理政策，制订本省（自治区、直辖市）适用的课程实施计划，课程实施计划的制订要贯彻《纲要》的精神，结合本地政治、经济、文化和教育发展的实际情况，满足学生多样化发展的需求。教育行政部门则根据省级课程实施计划，制定适合本地区的课程实施方案，如在课程目标、课程结构、课时比例等方面进行重大调整的，须经省级教育行政部门批准。

2. 组织课程的实施与评价

地方各级教育行政部门要积极创造条件、认真组织、全面落实课程实施计划，引导学校和教师切实转变课程实施的观念，规范课程实施的行为，加强监督与指导。地方课程和校本课程的实施，要注重实践性、综合性和多样性，要组织开展不同形式的活动，让学生在丰富的感受、体验和操作中，培养实践能力、创造能力和生动活泼的个性。地方要根据《教育部关于积极推进中小学评价与考试制度改革的通知》，制定本地课程评价的指导性意见；对国家课程、地方课程和校本课程的实施、开发和质量进行评价；对学生评价、教师评价和学校评价等提出具体的要求和办法；要建立和完善课程评价的检查、反馈、指导及奖惩机制；要全面、客观地了解本地区课程评价的状况；要分析存在的问题、提出改进建议和意见，使课程评价制度化、规范化和科学化。

3. 加强课程资源的开发和管理

各地要建立课程资源开发中心，开发包括社会资源、自然资源和信息资源等课程资源，改变以教材为唯一资源的现象，建立以书籍、实物、影像、软件和网络等为载体的课程资源开发系统，充分发挥课程资源中心的作用，指导学校选用、优化和整合适合本校的课程资源，促进课程资源的共享。

（三）学校对课程的管理

学校是课程最真实存在、发展的地方，课程改革的目标与要求最终都要在学校这一层面得以体现。学校对课程的管理，主要有以下四个方面：

1．制定课程实施方案

学校要根据上级教育行政部门制定的课程设置方案与课时要求及相关政策文件，对学校的课程进行整体的规划和安排。其主要包括制定学年、学期课程实施计划，包括各年级的课程门类、课时分配情况、课程表、作息时间表、课程的实施要求与评价建议等。

2．重建教学管理制度

学校教学管理的内容，主要包括教师备课、作业布置、考试命题、教研活动、教学检查与评估等，这些都是学校中最基础、最实在、最不可或缺的工作。学校教学管理制度是一个杠杆，对教师的教学起着重要的导向和制约作用，极大地影响教师课堂教学的全过程活动。教学模式、教学方式能不能产生积极、主动的变化，从某种程度上说，要看学校的教学管理制度能不能创新，能不能实现管理机制的优化，因为制度往往是事物能否得以充分发展的根本所在，制度产生的问题，最终还是要从制度上予以解决。

3．管理和开发课程资源

就学校课程管理而言，要采取各种措施，通过多种途径，帮助教师积极选择、优化、利用和开发校内外各类课程资源，建立多渠道、多样化的课程资源系统和课程资源库，为教师的课程开发提供条件，为教师创造性地实施课程搭建平台；要帮助教师形成浓厚的课程资源开发与利用的意识，并培养教师的课程资源开发能力，使教师能够从身边发现有益的课程资源，作为个性化课程实施的基础。

4．改进课程评价

在课程评价方面，学校要突破传统评价模式，注重检测学生在知识与技能、过程与方法、情感态度与价值观三个维度的整体发展水平，注重学生的体验和经历，强调学生创新精神和实践能力的形成和表现。努力进行评价方法的改革，改变将考试作为唯一的课程评价手段和过分注重分数、等级的做法，采用开放的评价方式，运用行为观察、情景测验、学生成长记录等多种方法，对学生发展的过程和结果进行综合评价。通过评价，帮助学生认识自我，建立自信，激励学生在原有水平上不断进步。学校不将学生的考试成绩排名公布，不人为地制造等级界限，以此来改变以学生的考试成绩作为主要，甚至是唯一的标准、评比和奖励教师的做法；应对教师的职业道德、课程开发和实施能力、教学研究能力等方面进行全方位的评价，在严格规范的基础上，鼓励教师积极进行各种适宜学生发展的课程改革与创新。

八、基础教育课程改革的发展趋势

从世界范围来看，当前，我国的基础教育课程改革发展呈现以下六个趋势：

（一）从强调学科内容到强调学习者的经验和体验

当人们强调学科而且只强调学科的时候，课程的内涵也就与学科内容等同起来，这样，课程就越来越排斥学习者的直接经验。由此导致的结果是，课程越来越成为社会对学习者施加控制的工具，学习者的权利、学习者的发展在课程中得不到保障。为了切实保障学习者的发展，让学习者的发展处于课程的核心，人们开始越来越关注学习者现实的、活生生的经验和体验。但这并不意味着排斥源于文化遗产的学科知识，而是在学习者现实经验的基础上整合学科知识，使学科知识成为学习者的发展资源，而非控制工具。

（二）从强调目标、计划到强调过程本身的价值

只把课程作为教学过程之前和教学情境之外设定的目标、计划或预期结果，虽然会导致把教育教学过程本身的非预期性因素排斥于课程之外，但人之所以为人的根本规定之一是，人是创造的主体。当特定的教学情境中教师和学生的主体性得到充分发挥的时候，这种教学的进程必然是富有创造性的。虽然存在许多非预期性因素，正是这些创造性的、非预期性的因素拥有无穷的教育价值，因此人们开始走出预期目标、计划的限制，关注教学进程本身的教育价值，强调"过程课程"。这并不是不要目标、计划，而是把目标、计划整合到教学情境中，使之促进，而不是抑制人的创造性的发挥。

（三）从强调教材到强调各因素的整合

片面强调把课程作为学科内容和目标、计划，必然导致出现教材等同于课程、教材控制课程的现象。而强调把课程作为学生的经验，强调教育教学过程本身的价值，必然会把课程视为教师、学生、教材、环境四因素间持续交互作用的动态情境。课程由此变

成一种动态的、生长性的"生态系统"和完整文化，这意味着课程观念的重大变革。

（四）加强综合性，突出课程的整体教育功能

加强综合性，突出课程的整体教育功能，确立学习领域，设置综合学习活动，加强学科间知识的整合。学习领域是根据学生发展的需要提出的，它有利于改变目前过分强调分科的状况，有利于发挥地方在课程改革中的作用，有利于课程的综合化和多样化。

（五）加强实践性，突出学生自主性和探索性学习

加强实践性，突出学生自主性和探索性学习，突出学校学习与学生经验的联系，明确学生是学习的主体。课程实际将强调自主性、探索性和实践性，保证学生的自主学习和亲身实践，注重学生的探索，重视学生获得的各种直接经验。

（六）加强弹性，体现课程的适应性

加强弹性，体现课程的适应性，明确地方课程与学校课程在整个课程计划中所占的比重，对于不同学科领域的课时规定，要给地方教育部门留有一定的余地，对于不同学科的课时规定，要给学校留有一定的余地。地方教育部门在地方课程中可以决定学习领域与课时的分配比例，在学校课程中，学校可以依据本校的实际情况决定校本课程方案。

第二章　小学教育课程创新

第一节　课程结构创新

一、课程结构的含义

结构是指组成整体事物各个部分之间的搭配、组合。课程结构是指课程设置中各门类之间的组合方式与相互关系。课程结构概念指出了课程结构形成的两个要点：其一，是课程的"各组成部分"；其二，是各组成部分之间的"关系"。

课程结构的一定性，对课程的具体内容与课程的类型在课程体系中的比例关系进行了确定，是一定课程价值取向与课程目标结合的产物。课程在学生发展中起到的功效是课程价值的体现。对学生的发展而言，课程类型不同，则教育价值各不相同，而课程类型的不同是根据相应的逻辑范畴所产生的，当课程类型处于同一逻辑范畴中，则课程关系属于逻辑对立关系，但在价值关系中属于互补关系。因此，在课程的建设与改革过程中，对课程结构的选择与组合排列是极为重要的，对课程结构的调整是对课程的再次认识与确立过程，主要是确立课程类型、科目，以及科目内容等价值体系与地位。

二、新课程中课程结构的性质

在过去的基础教育课程结构中，存在一定的问题：

其一，课程机构过于强调学科本位，过于注重学科知识的逻辑系统，教学内容以学科课程为主。在教学中，教师受到课程结构设置的影响，学生的能力及需求被忽视，学习方式与教学方式过于单一，无法将社会生活与学生经验充分联系，学以致用的能力无法得到培养，同时形成了重记忆、轻理解的教学现象，对学生学习与思考的自主性造成严重的影响。

其二，科目过多。将课程的门类分化过细，无法明显突出学科之间的联系，更加容易导致知识割裂情况，还会造成学科之间的教学体系完整性出现重复，学生学习负担过重，而无法有效学习。

其三，各部分课程之间缺乏整合。课程作为客观的有机整体，学科之间存在紧密的关系，在当前的社会生活中，有大量现实问题是跨学科存在的，因此课程结构需要与时代特点相结合，那就需要对各学科之间的知识进行整合。但是，现阶段的课程结构之间缺少联系，存在一定的整合难度。

《纲要》对课程结构进行了改革，并针对现状，提出了具体的改革目标：对课程结构中学科本位的重视程度及科目过多的现状进行改革；对课程门类与课时比例等内容进行改革；设置综合课程，以满足不同地区学生对教学发展需求的改革。

在新课程的培养目标中，应当以学生的发展为根本，对学生的主观能动性加以促进，将学习者的价值充分发挥出来。在新课程结构创新过程中，教育基础的创新，是对课程均衡性、综合性与选择性的创新。

（一）均衡性

课程结构的均衡性是指在学校课程设置中，课程体系的安排需要根据课程的类型、科目内容等形成适当的组合比重。课程比重需要通过学科科目的课时比重体现，适当的比重是衡量学生综合发展的主要标准。

课程结构的均衡性主要体现在以下三个方面：

1. 课程类型的均衡化

以往的课程结构设置过于注重国家课程、分科课程与必修课程。改革之后，课程结构增加了地方课程、校本课程、综合课程与选修课程的比重。例如，将语文学科课时比例从原来的25%下调至21%～23%，数学学科的课时比重从原来的18%下调至11%～13%。利用下调课时所累积的课时，来增加综合实践课程、地方课程与校本课程的课时比重，将综合实践课程的课时比重上调至7%～9%，地方课程与校本课程的总课时比重上调至11%～13%，以此达到了课程类型多样化和均衡化的目的。

2．科目设置的均衡化

除了将下调后的课时适当配比给不同类型的课程外，还要将其配比给其他调整或新开设科目。例如，将英语科目的开课时间调整至小学三年级，需要对英语科目的总课时配比进行一定程度的增加；对于新开设的信息技术课程，也需要增加一定的课时配比。

3．课程内容结构的均衡性

在以往的教学中，课程内容的设置过于繁琐、重复，对学科知识体系的完整性过于重视。在新课程实施中，提出了对课程内容结构的优化与均衡。一是将传统课程中难以理解的部分进行适当的删减或补充说明，将课程的内容结构优化得简洁明了、条理清晰。二是将课程内容与学生的现实成长密切联系起来，将课程内容更加具体化与实际化，以此促进学生的均衡发展。

值得注意的是，课程结构中均衡性，不是单指课程课时与内容的平均配比，更是对各类课程、科目与知识所特有的教育价值的注重和对学生身心全面发展的重视。通过课时的均衡配比，学生的整体发展得到了保障，学生的个性发展得到了促进，学生的适应社会能力得到了提升。

（二）综合性

课程结构的综合性是指将学校的原有课程，根据其内在的价值与逻辑关系，进行统一整合与开发，通过增加多种类型的综合课程，使课程结构得到综合性的发展。

课程结构综合性是根据课程中存在的问题提出的，其主要体现在以下三个方面：

1．加强学科间的联系性

在当前的学科教学中，仍有以单门学科形式出现的课程，需要将其与现实生活和其他学科进行适当的联系。对于一门学科而言，在教学中需要将学科知识与学生的生活经验相联系；在不同的学科之间，需要通过学科间的互补性，提高学科知识的综合性。新课程结构的重组，对学科之间的知识联系、社会生活，以及学生生活中的实际经验三者进行了全面结合，加强学科之间的渗透性，以此作为改变课程结构中存在的问题的基础。

2．设置综合课程

课程结构的综合性，主要是通过开发和设置综合课程的方式体现出来的。在课程改革中，不仅对课程之间的综合性加以提高，而且对课程的设置进行了规定。小学阶段的课程设置不同于初中、高中阶段教学中的有针对性的课程设置，在小学的课程结构设置中，应以综合课程为主，重视小学生综合素质和能力的培养。初中阶段的课程设置是根据原有的课程设置进行了整体调整，例如，将物理、化学等学科整合为科学学科，将地理、历史等学科整合为历史与社会学科，将美术与音乐学科整合为艺术学科，整合后形成的科目则属于综合课程。除此之外，根据当前素质教育的要求，对综合实践课程进行了适当的增加，为学生制定了多科目合一的综合实践活动。由此可见，在基础教育创新的基础之上，课程结构的设置更加侧重于综合课程的规划与设置，使其成为学校课程体系建设的重要组成部分。

3．增设综合实践活动

综合实践活动课程是一门具有高度综合性的课程，是教育改革创新的重要内容。综合实践活动课程的设置，需要根据学生的实践能力与实践开展情况，进行更为详细的制定。在本质上，综合实践活动更加侧重于生活实践，而非专业的学科领域，以学生生活和生存的经验为基础，通过将学生生活与社会发展，以及学科知识相联系，形成综合性的实践课程。学生作为综合实践活动课程的教学起点，在教学中，需要学生根据自身的经验发现问题，并根据自身的经验解决问题。

（三）选择性

我国开展义务教育已经具有多年的实践经验，在改革过程中需要根据实际情况对课程结构的设置进行适当选择。在实际制定的过程中，课程结构的设置具有较大的灵活性，可以根据学校的教育情况及当地社会发展的实际需求进行选择，以促进学生个性化差异的发展，并能够将学校的办学宗旨与办学方向，通过特色化的课程设置充分体现出来。由此可见，在运用中，在课程结构的选择性与地方教育部门、学校及学生相关联方面，是根据学生对课程的需求，以及学校与地方发展所能提供的课程资源作为选择标准的。

在新课程的实施中，将国家课程在学校课程体系中的占比适当减少。在义务教育过程中，对国家课程适当减少了10%～12%的课时量，将其均衡配比给地方课程与校本课程，增加地方课程与校本课程在学校教学中的开发与运用，以此构建国家课程、地方课程与校本课程三重教育课程在教学中并行的教育结构。这种课程结构的设置，能够促进实际教学的主动性，更能够确保学校课程多样化的有效实施，还能够充分体现课程的地方特色与学校办学特色。

课程结构的选择性，同样在国家课程的调整中有所体现。

在课程类型方面，国家教育部门为教学课程的设置提供了多种选择方案。例如，在课程计划设置中，对课程的综合性与分科性进行了适当的调整，在确保综合课程在多数学校教育中能够得到有效实施的同时，更提倡与鼓励学校和地方根据自身发展情况设置分科课程，以此构建具有自身特色的教育课程体系。

在课时比例方面，国家教育部门规定为地方和学校提供最大程度的可选择性。例如，在义务教育过程中，课程计划的制订、对课时比例的规划存在一定的模糊性，实际规定数量不明确，只是将规定了大致范围。

在课程内容方面，我国的教育部门制定了教育课程的标准，对课程内容的基本需求提供保障，在此基础上，采取"一纲多本"的方式，在课程内容的设置中提供了多种选择机会。这是由于在教育中所实施的对象是具有个性差异的学生，教育的开展实际上是为了培养每一个学生的个性与能力，促进其身心的综合发展，因此在课程结构的最终选择方面，需要与每一个学生的个性差异相结合，为学生的整体发展提供保障。由此可知，在教育过程中，课程结构的制定与建设，需要学校、地方和国家共同努力。

在课程设置中，课程结构的多种性质是缺一不可的。在实际制定中，需要根据课程结构的实际运用情况，对其进行适当调整，避免由于特征缺失出现片面化和失衡的情况，而对课程的综合性产生影响。

在21世纪背景下发展的各国的基础教育，应该与课程结构的实际发展情况相结合。在马克思的相关理论中，有针对人的全面发展的学说，随着时代的发展需求，人才的培养与素质的培育要与当代各国的实际发展情况相符合，不能只针对某一侧面展开，应该促进人才在德、智、体、美、劳全方面的综合发展。

新课程结构的设置与我国21世纪人才发展需求相符合，满足21世纪社会发展的需求，能够对每一个学生的全面发展与个性化特征培养起到良好的促进作用。学生在全面发展的基础上能够具有自身特征，充分体现了当代社会"以人为本"教育理念的科学性与时代性。

1. 义务教育阶段课程的整体设计

在以往的课程计划中，小学与中学的课程设计所采用的方法都是分段设计，在教学中，分段设计的课程在实施阶段会存在一定的不足，导致学制之间无法有效衔接与整体规划。新课程计划的提出，对九年义务教育课程的制定采取了统一规划，主要有弹性课时、课程类型自由组合等方式，对地方课程与校本课程进行了适当的添加，以此提高课程的灵活性与适用性，确保改善之后的课程计划能够更好地服务于学校的个性化发展。

2．整合课程门类

在新课程结构的设置中，需要通过多种综合课程的设置，对分类过细的学科进行门类整合。在以往的课程结构计划中，课程结构的设置过于细分化，例如，在小学一、二年级的学科学习中，课程数目达到七门，分别是语文、数学、音乐、美术、体育、自然和思想道德；但经过新课程计划的改善与整合，将小学一、二年级的学科整合为五门课程，分别是语文、数学、艺术、体育、品德与社会。又如，在以往小学高年级的教学中，一般设置九门课程，另外还添加了外语课程；经过新课程计划的完善后，在小学高年级的学习中只保留了七门课程。由此可知，课程门类整合是把知识属性相同的课程，通过减少或融合的方式，使原有的教育课程得到适当的整合，以加强课程的综合性。在新课程的计划与完善中，通过对课程门类的整合，最终形成的学科能够增强学科之间的互联性，以此形成学科之间相互影响的作用，提高课程教学对学生整体人文科学素养的培育作用。

3．增设了综合实践活动课

活动课程始于1992年11月国家教委颁布的《九年义务教育全日制小学、初级中学课程计划》。对于活动课程的设立，其主要目的与实践课程的设立目标相同，都是通过多种活动形式，提高学生的整体实践能力。在新课程计划中，综合实践活动的展开，是在以往活动课程的基础之上展开的、更为全面的综合化的实践课程，通过将学生要掌握的理论知识课程与实践课程相结合，提高学生的实际操作能力。在当前的综合实践活动课程设计中，根据学生在时代发展下需要掌握与学会的需求，将其分为研究性学习、信息技术教育、社区生活服务与社会实践、劳动与技术教育四大指令性领域和社会教育活动、科学技术活动、文学艺术活动、体育卫生活动等非指令性领域。指令领域与非指令领域互为补充，共同构成内容丰富、形式多样的综合实践活动。

4．课时占比调整，对各门类课程的比重进行适当均衡

经过新课程计划对课程结构的调整，将新实行的课程计划与以往的课程计划相比，二者在课时方面存在一定的差异，整体的课程占比调整较大：在以往的课程教育中，九年义务教育的总课时量为1 162学时，经过调整后变成了522学时，整体改变了640学时的课时量；在小学阶段的课程教育中，原有一周的课时量为32节，调整过后为28节，并针对各门类课程的整体课时量，同时进行了适当的调整。例如，在以往的义务教育中，将语文、数学作为教学"主科"；在新课程计划的调整后，语文和数学平均减少了200～

300 课时量；外语作为社会需要的科目在小学三年级开始学习，获得了一定的课时配比。不仅如此，对于实践活动课程与地方课程，以及校本课程的课时量，同样给予适当的上调。经过此番调整与改变，在小学教育中，各门类课程的课时占比总体上得到了一定的平衡，有利于促进学生的综合发展。

5．增加了课程的选择性

通过新课程计划体现出的内容可以发现，经过调整之后的课程，在课时数方面具有很大的弹性，对于科目课时设置并没有设定具体的数字，只是给出了大致的设定范围。同时，根据综合课程的特征，适当提供了可以互补与替换的课程，为地方与学校提供了极大的选择空间。除此之外，更为学校与地方教育在课程设置中保留了极大的开发空间，对于地方与学校在特色课程的设置上给予了极大的支持，更为学生的学习提供了更多的选择机会。

第二节　课程标准创新

如果将基础教育改革的核心认知为课程改革，那么课程标准则是课程改革的核心内容。当对基础教育进行一定的改变时，则需要对其课程结构设置进行一定的改变与重组。此时，会为课程的改变提供一套新的课程标准，而新的课程标准的提出，则会引发一系列基于标准的改革或标准驱动的改革。在现阶段的基础教育改革中，教育界正面临着基于标准或标准驱动的难题。"课程标准"和"基于标准"作为基础教育改革的实施核心，一些发达国家将课程标准的编制，作为教育改革与创新的基础，通过改革创新的标准在实际教育中的实施，以此带动教育的整体发展。因此，在教育发展中，课程标准的设置，需要能够充分结合时代精神与社会发展需求，以此对教育改革起到积极的指导和规范作用。

在我国当前的教育实践与创新发展中，随着《基础教育课程改革纲要（试行）》和教育课程标准的大力推广与实施，社会各界在不知不觉中也成为了基础教育课程标准创新与改革发展中的影响因素。

在针对教育课程标准的创新与改革中,对于教师而言,需要具备一定的"标准意识",即对课程的标准设置应具备敏感度与自觉性;还需要具备一定的行动力,以改革创新的课程标准作为教学的基础,在课堂教育中,通过对课程标准的正确理解,将标准充分体现出来。

一、课程标准的概念

随着时代的发展,在当前的课程改革中,课程标准作为教学大纲的取代品,对课程教学的内容进行了更为详细的指导。

在《现代汉语词典》中,针对"标准"一词的解释如下:

①对事物衡量的准则;②本身合于准则,可供同类事物比较核对的事物。

在《辞海》中,针对"标准"一词的解释如下:

①对事物衡量的准则;②引申为榜样、规范。

在教育发展中,根据"课程标准"的字面意思,其中的"标准"一词,意思应该是"对事物的衡量准则"之意,即对于课程相关事物进行衡量的准则。例如,对课程计划设置、课程方案制定、课程实施效果,以及课程教学评价与教材使用等内容的衡量准则。

课程标准是国家在教育方面制定的纲领性文件,是对一所学校在教学中的课程教育水平的确定,以及对课程结构与课程模式的制定。当学生在学校接受过一段时间的教育之后,国家需要对其进行一定的成果描述,最终形成的内容被称为课程标准。不仅如此,课程标准还是国家教育活动开展到一定阶段或发展到一定程度的情况下,对质量的具体要求指标,在一定程度上,课程标准具有法律性质。

在教育发展中,所有相关教育教学活动,都要以国家课程标准作为开展依据,国家所制定的课程标准是对教育活动中的国家管理方式与课程效果进行评价的基础。课程标准应对教学的整体内容进行具体的要求与规定,并根据学生的实际受教育程度与教育发展水平,对教学课程进行详细制定与规划。

由此可见,在我国的基础教育中,国家课程标准的制定与框架的规范化实施,是一个系统且繁琐的工程,具有重要的发展意义,对其进行深度的研究与分析,根据其实际特征,进行全面的研究,是极为重要的。

二、课程标准的特征研究

就课程标准而言，对其特征进行研究，应该注意以下几个方面：

其一，当学生在学校接受一定的教育教学活动之后，对其学习结果与教师教学成果的行为描述，并非对教学活动中课堂内容的具体规定。

其二，国家在开展教育活动中，对某一特定教学时期教学要求的统一制定与规划，并非教学活动总的最高教学要求。

其三，根据课程标准对教师的教学成果进行描述的过程中，需要将学生学习结果行为描述得具体、详细，且能够被理解与使用的，使其成为有效的教学评价信息。

其四，课程标准的制定，是对其自身定位的充分展现，在教学活动中，教师并非完全根据教科书的内容展开教学活动，教师是教学方案与教学课程的设计者与开发者，在教学过程中应根据教科书与学生的实际情况进行教学，并非照本宣科。

其五，课程标准的制定，不仅是对教学中课程知识与课程实践技能范围要求进行规定，更是对学生在学习生活中所体现出的个性化特征进行适当的规范。

三、课程标准的结构框架

课程标准的结构框架，主要是国家对教育过程中学生学习成果描述方式的规范。

下面，对课程标准构成要素与要素内容进行分析和研究。

（一）前言

在课程标准中，前言的设置是将课程的所有特点，以及对课程的性质与价值等功能性进行详细地描述，将学科课程在基础教育中改革的基本理念准确定位与精准诠释，通过详细的说明，将课程标准的设计思路加以描述，确保在使用中能够为读者提供详细的指导，以及对本学科教学内容的整体把握。

以义务教育中的信息技术学科为例，课程标准明确了信息技术学科在小学教育中的教学任务与教学目标。信息技术作为 21 世纪迅猛发展的科学技术，在当前社会发展中是人才培养与发展的必备能力。随着义务教育中素质教育理念的逐渐加强，对学生信息技术学科的重视度也随之加强。

小学信息技术课程的开设，是为了满足社会发展对人才的基本需求，教学中的主要任务是帮助学生了解和掌握信息技术的基本知识，培养学生对信息技术的学习兴趣，使学生能够进行基本的计算机使用操作，让学生在操作中提高对计算机的运用能力，为学生树立基本的信息技术意识。在课程设置中，信息技术作为附属科目，由于受多种因素的影响，在以往的课时设置中，在信息技术科目课时设置及在相关的课程标准方面，前言中并没有对其进行详细且精准的定位与诠释。因此，在教育理论的实践创新过程中，需要对其进行有效的完善，以帮助教师正确了解与掌握信息技术课程标准。

（二）课程目标

课程目标，即在学科教学过程中，学生通过学习应该达到的知识水平。在教育概念组成中，课程目标是教育目的所属范围内的基础概念。在教育中，教育目的作为教育活动的整体方向，是教育价值的整体体现，具有宏观与普遍化的性质。例如，在《中华人民共和国教育法》中，针对教育目标进行了具体且实际的说明。在教育活动中，教育目标应当服务于社会主义现代化建设发展工作，教育所培养的人才需要与社会发展需求相结合。由此可知，教育的主要目的是培养适合社会发展的人才，并对人才的培养方向与培养内容作出明确的规定。

教育活动中课程教学的价值体现是课程目标，在课程开发中，通过课程目标的设置，能够确保达到教学活动预期目标与设定结果。因此，在教学活动中设立的课程目标应该具有一定的细节性与前瞻性，在教学中起到预期性学习结果的指导作用。如果将教育目标作为所有教育活动的出发点，那么课程开发与设计的出发点则是课程目标。

课程目标的确立，为教材学习内容的选择与组织，提供了基本的参考标准，并为课程评价设立了基本模式。课程目标的确立，为我国社会在新世纪进行基础教育课程改革指明了方向。

就学科课程目标的整体结构组成而言，课程目标在设立中呈现总分形式，教学活动的开展有总目标与分目标作为指导。

就课程目标的设定维度而言，将目标分为知识与技能、过程与方法、情感与价值观等多种不同层次的维度。其中，课程目标将学习过程与学习方法进行了分割，是课程改革中的鲜明特征。通过课程改革，将"注重学习结果"转化为"突出学习过程"，对学生学习过程中的学习体验，以及学习方法的掌握具体化与形象化。由于学科科目的设置针对的课程标准维度不同，则存在的形态各不相同，体现的分类也存在差异。一些科目以独立且明确的形态出现，例如义务教育中的体育、艺术等科目；而另外一些则是通过内容标准或总目标加以体现，例如语文、数学科目等。除此之外，还有部分学科的维度是根据学习中自身所体现出的学科特点划分的，例如，在义务教育中，数学学科的课程标准是根据教学目的将其划分为四个维度，分别是理论知识与应用技能、问题思考、问题解决、情感与态度。

从学习阶段的状态而言，在教学活动中根据学生智力水平的发展状态，以及对新事物的接受能力水平，制定不同的阶段学习目标。由于学生是在不断成长的，课程目标的设立需要与学生的成长发展相结合，因此目标的设立是暂时性的，不具备长久性，在学习过程中不能作为唯一的教学依赖，需要教师根据学生的学习状况及知识内容的改变，进行适当的转化。

（三）内容标准

课程内容的设置，需要制定相应的标准。在当前的教学中，学校所使用的教材是由国家统一编写制定的，课程内容标准则应该以国家对人才发展的需求为基础，与实际学科领域内容相结合。课程内容标准的确立，详细体现了学生在不同学习阶段应该达到与实现的教育目标。

第三节　课程资源创新

一、课程资源的内涵

对课程资源的解释，分为广义与狭义两种。在广义的课程资源解释中，其主要是指在教学活动中，能够帮助教师与学生达到课程目标的各种因素；而在狭义的课程资源解释中，其主要是指通过教学活动对课程所形成的直接因素来源。在课程资源的实质解释中，其是指包括课程设计与开发等活动在内的所有课程实施与教学过程为实现课程目的所使用的一切资源的总和。在此过程中所使用的资源，包括人力资源、物力资源和自然资源等，例如，教材教辅、教师知识能力等多种能够对课程目标的实现起到积极作用，且能够提高教师专业水平与学生个性成长的所有因素。

就教学活动中所依赖的物质载体而言，课程资源具体是指在教学中所使用的教学材料。课程教学材料主要包含课程教案、课程标准内容、课程指导、教学教材与教学教辅等。在教学活动中，材料自身无法直接成为课程教学的构成因素，无法作为课程的实质内容体现作用，需要在教学活动中通过教学主体对其进行利用与借鉴，才能够充分发挥其作用与价值。

不仅如此，在教学活动中所使用的课程资源并非全部都是物质性材料，课程资源最根本的组成要素是对课程与教学材料的掌握主体，即人。教学活动主体主要由教师、学生、教学活动管理者和家长等组成。教师作为课程资源的最主要组成因素，应该通过对物质性材料的掌握与运用，将物质性材料转化为教学活动，并通过教学活动将其转化为学生知识，充分发挥课程资源的价值与作用，促进课程活动的实施与课程目标的实现。

但在教学中需要注意的是，教学活动中所接触的资源并非全部都是课程资源。所谓的课程资源，需要在教学活动中根据课程标准内容的确立与课堂教学目标的设置，与具体的教学内容相结合，通过教师与学生在课堂中的准确选择，并经过合理的使用，以及作用的有效发挥，实现的课程目标资源，才是课程资源。由此可知，课程目标的实现，需要通过课程资源的合理开发与有效应用，并以此作为课程改革发展的基础内容与重要保障。

二、课程资源的类型

在教学活动中有大量的课程资源，教师在课堂教学中通过课程资源的使用，在意识驱使下，将自身所需要的资源从众多的课程资源中有效提取并加以利用，充分发挥其实际效用，才能够确保对各种课程资源运用的灵活性与准确性。在此基础上，需要对课程资源进行分类。

课程资源分类是指将教学活动中的大量课程资源，根据一定的标准、原则与特征，对其进行划分、区别，便于在教学中更好地对其有所认知，在使用中更充分地发挥其价值作用。

根据分类标准的不同，课程资源大致可以分为以下类型：

（一）根据课程资源空间分布进行分类

根据课程资源空间分布的不同，能够将其分为校内课程资源和校外课程资源两种。校内课程资源包含如下内容：一是学校中各种场地设施与场所，如图书馆、实验室和运动场等；二是校内的人文资源，即由学校文化与办学特色所形成的资源，如教师团体、学生团体、学校校风校纪、班级文化等；三是各种与教学相联系的活动，如社团活动、节日表演，以及体育比赛等。校内课程资源是学生在教学活动中可利用的最基本的资源，能够帮助教学活动更好地达到课程目标所要实现的标准，能够促进学生个性化的综合发展，因此需要将校内课程资源的价值与效用进行充分开发与利用。

通过对校内课程资源的论述可知，校外课程资源是指除了校内课程资源以外的，在校外教学活动中所涉及的所有资源。通过多种校外教学资源的深入开发与利用，作为校内课程资源的补充与强化，将校外课程资源进行有效利用与转化，在教学中发挥效用，可为课程设置提供强有力的保障。

（二）根据课程资源的基本性质进行分类

根据课程资源的基本性质，能够将其分为自然课程资源和社会课程资源。我国疆域辽阔，物产丰富，地貌多样，能够作为课程资源的自然物质十分丰富。例如，在小学自然学科的教学中用于动植物观察的标本，在美术课程中对于自然景观的描绘等。在教学过程中，培养学生与自然和谐共处的意识，是培养学生综合素养的重要组成，更是课程实施过程中将课程资源充分利用的基本理念。

而在社会课程资源的组成中，能够被开发与利用的资源同样丰富多样。例如，为促进社会教育与素质发展的公共设施，如图书馆、博物馆、科技馆等都是社会课程资源的重要组成。随着社会的发展变化，能够运用在教学中的社会课程资源逐渐增多，是开展教学活动的有效支撑。

（三）根据课程资源的属性进行分类

教学中的课程资源由于属性不同，在教学中所呈现的方式与特性同样不同，根据物理特性与呈现方式的不同，可将其分为文字资源、实物资源、活动资源和信息资源等。

文字的出现、印刷术的发展和造纸技术的提高，促进了人类文化的传播，为教育教学活动的开展提供了更好的表现方式。在现代化的教育教学中，知识内容通过纸张这一载体组成教材，向人们传输文化思想，是当今世界基础教育发展的重要课程资源。

实物资源有多种表现形式：其一是自然物质，如动植物、山水土壤等；其二是人类通过生产活动创造而得的物品，如劳动工具、交通工具等；其三是为了某一项专属活动而定制的物品，如在教育教学活动中，为促进知识的有效传播，教学器材、工具模型等成为实物课程资源，在教学中使用实物课程资源具有形象具体的特点，其是教学活动中常用的课程资源。

（四）根据课程资源的存在方式进行分类

课程资源的存在方式不同，因此可分为显性课程资源与隐性课程资源。

显性课程资源，即在教学活动中所使用的资源能够被看见与直接接触、直接运用在教学中的课程资源，例如教材教辅资料、计算机、自然资源和社会资源中的实物等。显性课程资源是存在的物质，在教学中能够直接被使用，具有较大的便捷性与使用价值。

隐性课程资源，即在教学中资源形式的存在难以被直接使用，需要通过一定的手段与方式进行开发，常以潜在方式对教育教学活动产生影响的课程资源，例如学校的校风校纪、社会风气等。与显性课程资源相比，隐性课程资源在教学中所体现出的作用具有一定的间接性与隐蔽性特点，无法对教学形成直接的影响，但其主要价值在于能够对教学质量起到潜移默化的作用，因此在教学活动中，教师在隐性课程资源的开发与利用方面，需要投入更多的精力。

（五）根据课程资源的功能特点进行分类

在教学活动中，由于课程资源的不同，其本身的功能特点也有所不同，可将其分为素材性课程资源和条件性课程资源。

通常情况下，在教学中，素材性课程资源主要是指知识、能力、经验、学习过程和方式方法等方面的因素，通过内容特点对课程产生作用，以此作为课程的素材或者来源。而条件性课程资源主要是指对课程产生直接影响的因素，通过其特点对课程产生作用，不会直接成为课程本身的资源，但在一定程度上，条件性课程资源会对课程的实际覆盖范围与作用水平产生决定性影响。两者之间并没有特别明确的区分标准，这是因为在实际生活中有大量的课程资源，不仅包含课程素材，而且具备了课程的条件，例如图书馆、博物馆和科技馆等。

将教学活动中的课程资源进行分类，实际上是为了对教师课程资源的认知进行分类，帮助教师对课程资源有一个更好的认知，提高教师在教学中对不同课程资源的开发能力与运用意识，帮助教师在课程资源的利用中拥有更为广阔的思考范围，以此达到有效规避教学资源使用偏差的情况。例如，在小学阶段的教学中，极易出现重视校内资源而忽视校外资源的情况，这种现象的产生，时常伴随着多种附带性问题，即对文字与实物资源的教学使用大过对活动资源与信息化资源的利用，导致教学中的隐形资源被忽略，以至于无法充分发挥素材性资源的作用。

我国幅员辽阔，地域间存在较大差异，经济、文化和资源等多种因素的不同，导致在教学中课程资源的分布不均衡。在此基础上，为确保学生间个性化差异的充分发展，对于课程资源的开发与利用，需要充分发挥教师的主观能动性，采取因材施教与扬长避短的教学方式，充分展现学校、教师、学生和学科的个性特点。

三、课程资源的特点

在教学中，为促进教师对课程资源的有效利用与准确开发，教师需要对课程资源有一个充分的了解与认识，而课程资源的特点主要包含以下几点：

（一）广泛多样性

教材是教学活动中的重要课程资源，但是课程资源并非全部都是教材，也不只存在于学校中。课程资源是将所有与学生在学习方面及生活环境中所接触的、所有能够达到课程目标的资源，存在于学校内外的任何地方。由此可知，教学活动中的课程资源具有明显的多样性。

课程资源的开发与利用会随着地域的改变而发生改变，在构成形式和表现形式等方面各不相同。由于文化差异的不同，不同文化地域中的人所形成的价值观与道德思想意识各有不同，因此所构成的课程资源同样存在各种不同的特性；在学校中，由于学生生源的不同，其自身的文化水平与家庭背景也存在一定的差别，因此在教学中，学校与教师对课程资源的开发与利用同样存在差别。

（二）客观性

从本质上讲，资源属于某种物质的天然属性，是天生存在的。课程资源同样属于客观存在的事物，与学校教学中的正式课程教授相比较，课程资源的存在比较分散，但是在教学中，课程资源是可以被开发与利用的，通过与课程目的相结合，对课程资源进行适当的选择与完善，能够更好地在教学中被使用。但由于教学主体的课程观、知识水平与操作能力，以及实践经验等各不相同，会导致其在开发广度、深度等方面，对课程教学目标的完成度存在一定的差异，这种情况的出现，充分体现了课程资源的客观性，而在课程资源的实际开发与利用过程中，则是由人的主观能动性所决定的。

（三）间接性

有部分的课程资源是在课程设计之前便存在的，在长期的存在中能够随时被转化为学校的课程来实施，但其在使用中无法作为直接条件达到课程实施与课程目的的作用。因此，课程资源具有一定的间接性特点，自身所含的教育性在教学中的体现不如学校正式课程一般直接与鲜明，教学活动中的课程资源有时受到教育性因素和非教育性因素的双重影响，在使用中要对其进行详细筛选或者将其转化为适合教学活动需求的资源，才有可能达到学校课程对教学的基本条件要求。

（四）价值潜在性

在教学活动中存在多种多样的资源，教师和学校通过因材施教与因地制宜的教学方式，开发了更多的可利用资源。值得注意的是，在课程中，只有将课程资源与教育教学相联系的，才是现实的课程资源。由此可知，在教学中，所有能够被使用的课程资源，都存在一定的潜在价值。

第三章　小学教学方法的创新探索

小学教学相关理论不断发展，各种教学方法如雨后春笋般蓬勃发展，下面以小学数学教学为例，探索小学教学的创新方法。

第一节　讲授法教学

一、讲授法的理论基础

（一）情意原理

情意原理，就是"让学生在迫切要求下学习"教学策略的理论基础。人本主义的学习理论认为，数学学习是情与知的结合，以情感因素为基本动力，也就是把感情、身体、精神、心智和心理力量融为一体。学习就是情与知的结合，是以情感因素为基本动力，以情知协调活动为轴心的认知过程。实验研究者认为，"主题的中枢活动包含互为前提、互为促进的认知结构和情意状态两个方面，能够激发学习者的学习动机、兴趣和追求的意向，加强教育者与学习者的感情交流，是促进认知发展的支柱和动力"。情意原理主要从动机需要理论和态度学习理论两个方面进行论证。

1．动机需要理论

美国著名心理学家亚伯拉罕·哈罗德·马斯洛（以下简称"马斯洛"）提出了动机理论。具体地讲，动机就是引发个体各种行为活动的动力，引导或推动着个体朝着某个特定的方向或特定的目标发展下去，这是个体在进行活动的时候，心理和内部发生活动的一种动力。学习动机也就是学生在学习的过程中，推动学生主动学习的一种动力，这是学生对主动学习的一种需要，只有具备这种学习动机，学生才能主动地参与到学习过程中。如何激发学生的学习动机，是教师首先要解决的问题。

第一，创设问题情境。问题情境的设置，能有效地激发学生对知识的好奇心和求知欲，如果教师对教材比较了解，问题的设置就会有层次性。教师要在问题情境下，把学生的求知欲最大限度地激发出来，只有学生有了求知欲，才能有效激发学习动机。

第二，指导学生认识到成功取决于什么。只有养成良好的学习态度，才能获得成功。教师要正确引导学生，让学生意识到成功不是碰运气，只有认真学习，才能成功。部分学生总是不能正确地认识自己，总觉得这次没考好是因为自己没看书、记不住了，对于这些学生，必须让他们意识到没考好的原因其实是没努力学习。

第三，根据反馈的信息，对学生进行适当的批评或表扬。批评与表扬都需要适当，过度的批评会使学生感到反感，从而讨厌教师；过度的表扬会让学生骄傲。学生有错误时要及时指导他们改正，适当地进行批评，让学生了解自己的不足，努力做到更好。表扬能让学生产生成功的喜悦。在学生的心目中，得到教师的表扬，说明他们做对了，表扬也是对学生的一种赞许。但是，在这个过程中也要注意，过度的表扬会滋长学生骄傲的情绪，从而导致一些不好的结果出现。因此，在批评时要注意分寸，运用适合学生心理发展水平与个性特征的方式、方法，从积极的方面把表扬与批评结合起来，达到进一步激发学生学习动机的目的。

2. 态度学习理论

心理学家罗伯特·米尔斯·加涅认为，态度是通过学习形成的，并会影响个体行为的内部状态。态度不是外在的行为状态，但是这种内部状态的形成会产生某种外在行为。心理学家认为，态度包括认知因素、情感因素和行为倾向因素。认知因素是指个体对某个对象的赞成和反对的评价。学习态度的好坏，能影响学习成绩的好坏。学习态度端正，学生能积极地进行自主学习。教师要正确引导学生对待教师的批评，教师在语言和行为上也要注意，做一个让学生喜欢、敬佩的教师。

数学教师与学生的感情好，就会促使学生喜欢上数学课，再结合教师的有效指导，效果就会很突出。未来的教育会向着一个新的方向发展，每个人都应抓住学习的机会，只有有了迫切想去学习某种知识的欲望，才能使学习的效果更有效。"让学生在迫切要求下学习"，是打造高效课堂的一个必要条件，也是一种重要的措施。

（二）序进原理

"组织好课堂教学的层次"这条策略的理论基础是序进原理。研究者认为，来自环境的知识和经验，可以相应地转变为学习者的认知结构、情意状态和行为结构，教育者可根据不同对象的发展水平，有结构层次地提高所呈现的知识和经验的结构化程度，并组织好从简单到复杂的有序积累过程，提高转化效率的基础。序进原理，其实也就是对知识结构的关注，序进原理包括知识结构理论和认知结构同化论。

1．知识结构理论

杰罗姆·西摩·布鲁纳（以下简称"布鲁纳"）认为，知识总是有结构的，知识结构是指知识给客观事物构造的一种模式。布鲁纳认为，每一个学科知识都有它自己的结构，如果要使学生接受的东西能对以后的生活、学习中的问题思考产生作用，那就必须接受学科基本的结构。学科的基本结构就是指每一门学科的基本概念、基本原理和法则体系。数学与其他学科和实际生活联系紧密，学好基础知识有助于与生活相联系，从而解决生活中的一些实际问题。有序的知识结构还有助于信息的提取。对于数学知识来说，如果没有一个结构把其联系起来，知识点就会很零散，不容易记忆。当我们领会了基本原理和结构时，就能对知识举一反三，最终实现迁移学习。

2．认知结构同化论

皮亚杰说："同化就是把外界元素整合于一个正在形成或已经形成的结构上。"在学生能够把教学内容同自身的认知结构联系起来之时，就是学生有意义学习发生的时候。奥苏贝尔认为，一个完整的学习过程应该包括习得、保持和再现这三个阶段。在习得阶段，要将新知识与认知结构中的已有知识联系在一起，使之被同化。只要学生能从原有的认知结构中检索到与新知识具有实质性联系的固定点，就能让它们相互作用，最终实现新知识与旧知识在意义上的同化，从而扩大或改组认知结构。

（三）活动原理

"在采用讲授法的同时，辅之以'尝试指导教学法'"这条策略的理论依据是活动原理。

1．活动理论

活动是证明人存在和发展的一种形式。建构主义学习理论认为，学生不是被动接受的载体，而是根据已有的知识经验主动去构建的主体。所以，在教学过程中，教师应放手让学生去自主观察、体验和尝试，做到把主动权真正交给学生，以此建构他们自己的认知结构，从而获得知识，得到提高。因此，作为一个数学教师，先不要把结论演示给学生看，应该让学生经历了自主观察、自主体验和自主尝试后，再尝试性地进行归纳和总结，并演示结论。别人的东西再好也不是自己的；同理，教师把结论演示得再好，也不是学生的东西，只有自己经过实践后得出的，才是自己的。

2．自主性理论

建构主义理论认为，学习的过程是主体要求主动构建的过程，而不是被动接受的过程，是主体在自己头脑中建构与发展数学认知结构的过程。

自主性学习是相对于被动性学习而言的一种学习方式。自主性学习体现了学生的主动性。自主性学习的过程就是学生在原有认知的基础上，自主建构而获得新知的过程。在自主性学习的过程中，学生是主体，而教师起着主导的作用。自主性学习能够培养学生的思维能力。所以，在平时的教学中，教师要鼓励学生敢于自主尝试，敢于对自己或他人的结论提出疑问，清晰地向他人表述自己的观点，能主动地进行实践，总结出结果。

（四）反馈原理

"及时地获取教学效果"的理论依据是反馈原理。布鲁姆认为，"大多数学生（也许是 90％以上）能够掌握我们所教授的事物，教学的任务就是找到使学生掌握所学学科的手段"。布鲁姆的掌握学习理论认为，世界上人人都能学会，只要有一个人能够学会的东西，大部分人也能学好，但要给他们足够的时间，还要给予适当的指导和帮助。因此，教师在平时的教学过程中要相信学生，相信他们一定能掌握所学习的知识。

每个单元都要进行一次单元测试，测试的目的是让学生了解自己此阶段的不足，再进行学习。学生及时地把学习情况反馈给教师，教师再及时地把学生的学习成果反馈给学生，然后学生根据自己的掌握情况再次学习，从而使每个学生都能掌握教师所教授的知识。

此项研究有着很强大的理论基础，符合当前的教育理念，而且对培养学生的学习能力有很大的帮助。所以，可以对此教学法能否提高学生的数学成绩进行研究。

二、讲授法的类型及要求

（一）讲述法

讲述法是指教师通常采用叙述和描绘的方式，向学生传递知识，帮助学生在头脑中形成相关事物的清晰表象和概念，以达到学生理解和记忆知识的目的。

例如，在讲述某篇故事类文章时，教师常常会用简洁的语言，向学生呈现故事发生的时间、地点、人物及情节的起因、发展和结果等，以此来使学生对故事有一个清晰的了解。讲述的要点在于对所要叙述的对象有一个客观的描述。教师在进行知识讲述的过程中要做到条理清晰、逻辑严密，要根据教学要求，进行简单或详细的叙述。当向学生描绘规模盛大的场景时，教师的语言要尽可能优美、详尽。当出于整体把握课文脉络的目的对学生进行讲述时，教师的语言应尽可能简练。

（二）讲解法

讲解法主要是指教师采用系统而逻辑严密的语言，向学生说明、解释和论证科学概念、原理、公式和定理等的方法。讲解法常常用于小学数学、科学等逻辑性较强学科的教学中。讲解重在阐发，教师讲解的某个概念、原理或公式，一定是已经被证实且是正确的。因此，教师在讲解的过程中的语言一定要清晰，在从现象到本质的讲解过程中要逻辑严密，教师要有高度的概括能力和简洁的语言表达能力。

（三）讲读法

讲读法即把讲、读、写等综合运用起来，进行教学的方法，在教学中常常表现为以讲导读、以读促讲、边讲边读和边读边写等，即调动学生的多种感觉器官，去激发学生的学习兴趣，凝聚学生的注意力，增强教学效果。在小学的众多学科中，讲读法多用于小学语文和外语这两门学科的教学，此外也用于其他课程教材中的某些重点段。

（四）讲演法

讲演法常用于围绕某一教学内容，进行专题讲座的过程中。它是指教师围绕某一教学专题，进行比较系统和深入的分析、论证，并在论证的过程中得出科学结论的方法。该教学内容已经形成某一专题，教师将会花费大量的时间查找资料、进行分析，其常常以演说或报告的形式出现。小学生的认知结构还处于不太成熟的阶段，因此该教学方法通常不适用于小学课堂教学，但这并不意味着完全不适用。教学知识具有复杂性，无法清晰地区分某一时期使用哪一种讲授法比较合适，因此教师大多将这几种方法混合在一起使用。

三、讲授法的创新应用

（一）概念的讲解，初步了解知识的定义

数学教材上所阐述的定义都比较冗长，以小学生的理解基础不太容易读得懂，所以需要教师对其进行归纳总结，然后给学生讲解。某些教师在传统教学观念的影响下，不太注重对教材上的知识定义的讲解，而把重心放在学生的做题量上。在小学生没有学懂定义的情况下盲目地做题，不仅不能解决学生学不懂的问题，而且会造成学生对某些知识概念认识的偏差。

教师使用讲授法进行数学教学，学生在理解了概念的基础上进行练习，会出现事半功倍的效果，有益于小学生的学习。例如，在学习"长方形和正方形"这一课程时，教师要用通俗易懂的语言来进行描述。教师要先从"长方形的定义"进行描述，再讲解"正方形的概念"，最后再给学生讲授长方形与正方形之间的区别。教师在解释"长方形"时，可以从长方形的长度讲起，也可以从长方形的形状开始讲解，以此来阐述"长方形的定义"。而对于正方形的理解，教师也可以从这几方面来进行说明。但在分析二者异同时，教师可以向学生口述其"边"，也可以分析两种图形的面积。为了方便学生理解，教师可以借助某些事物来帮助学生学习，使其加深印象，这也是讲授法的类型之一。

（二）讲授例题，注重运用

在小学的数学教材中有一些例题，以此帮助学生学习运用知识的定义和概念。让学生注重知识的运用，也是讲授法所要达到的目的之一，这样才能够让学生"学以致用"。例题是基于小学生的学习特点而设置的，无论是从题型上，还是从内容上来说，例题都是比较典型的。教材中涉及的例题都是从小学生的角度进行编排的，其难易程度也考虑到了小学生的学习能力，所以教师对例题的讲解就显得至关重要。若教师忽略了这个步骤，就会使学生的学习效率有所下降。

例如，教师在讲到"面积"的章节时，可以从不同图形的面积说起。教师可以讲解长方形、正方形等的面积，可以讲一到两个例题，太多的例题会显得比较"混乱"，让学生比较被动，对学生主动能力的培养有所影响。教师在讲解例题的时候，要对教材上的例题进行考量，若例题过于浅显，可以自行设计一些例题。而过于深奥的例题不利于学生理解，教师也可以选择不讲，使用自己设计的例题来对学生进行辅导。如果在这一小节的知识中，教材上没有涉及例题，教师就需要自行设计题目，让学生进行练习，然后再进行讲解。教师也可以将例题加入自己制作的课件当中，在展示的时候进行讲解，这也比较方便。

（三）课后习题指导、修正和提升

在教材每一章节的最后，为了让学生学会运用所学到的知识，教师都会给学生布置一些练习题。而某些教师为了赶教学进度，忽视了对练习题的评讲。教师不对练习题进行评讲，学生就不知道自己做的题是否正确，这样不利于培养学生解决问题的能力。所以，教师需要安排一些时间，来对练习题进行评讲。

教师评讲作业，会提升学生解决问题的能力。教师评讲的过程，再次加深了学生对知识的印象，从而促进知识点的吸收和消化。

例如，在学生学习了"三位数乘两位数"的课程之后，在进行练习题讲解时，教师需要先带领学生一起阅读题目，然后提炼出重点信息。教师在讲解题目的同时，要告诉学生找出重点的方式方法，以及从题目的哪方面入手。接着是给学生讲解解题的步骤，解题的步骤需要根据题目所给出的条件进行。再接下来就是建立等式的过程，教师要告诉学生确保所代入的公式和数据都是正确的，这样算出来的结果才会正确。教师可以选取一些错误的解答来做反面教材，告诉学生错误的原因和怎样进行修改，这在一定程度上降低了学生再次出错的概率。最后，教师要对练习题的应用方法做一个简单的总结，告诉学生类似的题目应该怎样做。

第二节 谈话法教学

一、谈话法在小学数学教学中应用的必要性

谈话法，即教师为了特定的目的与学生展开的交流。小学阶段的学生由于年龄特征的局限，通常对于新鲜的事物会有很强的好奇心。如果总是按部就班地教学，会让学生感觉到枯燥无趣，学习也会十分吃力。对于数学这门抽象性极强的课程而言，进行概念教学时，需要通过一定的转化，才能引起学生的注意，才能让学生主动参与到学习中。

首先，将谈话法应用到小学数学教学中，通过师生、生生间的交流，学生不仅对所学内容感兴趣，还能提高语言表达能力。

其次，小学生第一次接触数学课程时，难免会存在胆怯心理，将谈话法应用到小学数学教学中，可以为学生增加安全感，通过教师的合理引导，学生会主动参与到课堂讨论中。

再次，小学阶段的学生正处于语言发展的初期，合理运用谈话法能使学生将在语文课堂中学到的知识运用到数学课堂中，实现学以致用、学科互通及灵活掌握。

最后，语言的魅力是无穷的，将谈话法运用到小学数学教学中，既能促使学生更好地发现、分析与解决问题，又能让教师及时了解学生的所思所想，给学生提供更具针对性的训练机会，有助于学生的全面发展。

二、谈话法的应用

（一）要尊重学生间的个体差异

每个小学生都是一个独特的个体，所以在小学数学教学中应用谈话法时，也需要尊重学生间的个体差异，始终坚持因人而异的教学原则。例如，对于品学兼优的学生，就

必须对其提出更高的要求，促使他们朝着更好的方向发展，但当他们在学习中遇到困难时，教师要及时与其交谈，分析产生消极因素的原因，了解学生的想法，促使他们走出学习困境。中等层次的学生在班级中的人数比较多，他们的情绪往往会对整个班级的学习氛围造成一定的影响，并且这些学生存在的学习问题较多，所以教师和他们进行交流时，必须引导学生更为客观、全面地认识自己，师生共同分析成绩无法进一步提升的原因，然后引导他们进行针对性的练习，相信通过一段时间的努力后，此类学生必然可以得到较大的进步。对于班级中的"后进生"，教师要多激励他们，让他们感受到教师的关心与期盼，从而树立起自信心，从基础知识学起，获得更大的进步。

（二）根据不同的问题采取不同的谈话方式

谈话法在小学数学教学中的应用范围较广。针对不同的问题，教师必须选择最有效的谈话方式，这样才能将谈话法的积极作用淋漓尽致地发挥出来。比如，对于学生学习方面的问题，应采取激励引导的谈话方式。有些学生在取得好成绩之后就开始骄傲自满，此时应该引导他们多去看看比自己优秀的同学，发现差距，从而在激励引导下更好地发展。对于不遵守纪律的学生，应采取细心教导的谈话方式，让学生主动意识到自己所犯错误的严重性，从而愿意配合教师纠正问题，逐渐养成良好的学习及行为习惯。

（三）根据不同的事件采取不同的谈话方式

谈话法在小学数学教学中的应用，必然不能过于随意，应该最大限度地提升教学效率及质量。例如，在学习"乘法口诀"相关内容时，教师能够发现较多学生都存在混淆问题，此时就可以进行集体性谈话，向学生列举一些生活中常见的例子，以此来加深学生的记忆，及时纠正错误点，为后续的计算教学奠定扎实基础。再如，对于学生在作业中出现的问题，教师可以进行一对一的谈话，最大限度地维护学生的自尊心，使学生在完全放松的状态下与教师交谈，将自己的真实想法表达出来，在师生共同的努力下找到问题的根源，真正达到"对症下药"的目的。

三、谈话法的具体环节

（一）四个准备

第一，教师的教育理念。以学生为主体是谈话法的核心理念，也就是说，教师的教只有通过学生的学，才能起作用。

第二，充分掌握学生的认知发展水平。只有比较清楚地掌握学生已有的认知结构基础，才能进行有针对性的谈话。因此，教师可以通过课堂提问、学生作业、试卷和平时观察等，了解学生现有的认知水平和经验，明确应提供哪些准备知识。

第三，新知识与旧知识之间的联系。教师要能准确把握并找到新知识与旧知识之间的衔接点，以确定突破口。例如，学习"分数的基本性质"时，学生已经掌握了同分母、同分子分数大小的比较，而对于分子、分母全不相同的分数，学生就束手无策了，这就是新旧知识的联系点。

第四，师生谈话过程的问题设计。教师提出的问题，不仅要明确，而且要有针对性，也就是说，所提的问题要符合学生的认识水平，难易适度，使学生能确切地掌握教师的要求，易于学生思考。笼统、模棱两可、含糊不清的提问，往往使学生无从答起，答非所问。

（二）三个环节

谈话法的操作过程可以概括为三个环节，即教师提问、倾听学生回答和教师做出的反应。

教师提问环节是教师根据事先设计的问题进行提问。这一环节对教师提出三点注意：一是提问要面向全体学生，不要总是提问那些好学生，使大多数学生成了"陪读生"，产生一种冷落感，要让不同程度的学生都有发言的机会；二是提问要有层次性，要根据学生的认知发展水平提问，在一般性提问之后，要提出一两个高级认知层次的问题，引导学生进行更深入的分析，不应总在同一认知层次上重复；三是提问形式要多样化，可以从正面、反面和侧面等多种、不同角度设疑。

倾听学生回答环节是教师决定下一步教学导向的依据。在这一环节中，教师要做到提问之后不要立即让学生回答，而应给他们一点思考的时间，要有耐心，让学生把话说完，当学生出现错误时，也不要打断，要听完之后再帮助他分析。

在教师做出反应环节，教师的反应要及时，尤其是对错误的意见要及时纠正，绝不可让错误"先入为主"。评价要科学，不能信口开河、随心所欲，也不要用模棱两可的语言搪塞学生。

第三节　阅读教学法

一、在小学数学教学中应用阅读教学法的必要性

在当前的素质教育教学改革过程中，数学阅读能力逐渐进入教师和学生的视线，是逐步得到重视和关注的基础数学学习能力。培养和强化学生的数学阅读能力，不仅有助于学生自主学习和理解数学概念、原理等基础知识，实现学生数学自主学习能力的强化，还有助于学生提升数学知识应用能力和解答数学题目的能力。

对于小学基础教育阶段的学生而言：一方面，数学阅读能力关系到小学生自身的学习效率和质量，在具备较强的数学阅读能力的基础上，小学生才能更迅速地理解、掌握教材给出的数学知识的文字和数字表述，提高其在数学课堂上的学习效率和效果；另一方面，数学阅读能力还关系到小学生后续的数学学习。学生只有在这一阶段打好基础，形成自主阅读的良好学习习惯，掌握数学阅读的技巧和方法，强化数学阅读能力，才能在之后的数学课堂上事半功倍地完成学习任务，实现自身数学学习能力的提升。所以，在小学阶段的数学教学中，培养和强化学生数学阅读能力至关重要。

二、阅读教学法的应用

（一）积极引导，为学生创建数学阅读氛围

小学生受自身年龄限制，接触的知识内容不够丰富，阅读是学生扩展自身知识面的重要手段。数学教师如果仅要求学生机械地背诵公式，反复地进行数学习题的练习，长

此以往，学生将对数学学习产生一定的抵触心理，甚至厌倦数学，数学教学自然无法达到预期的教学目标。为此，在日常教学工作中，教师必须对学生进行积极的阅读引导，根据实际教学内容创造符合学生实际的数学阅读氛围，将学生带入数学阅读环境之中。

例如，在进行"20 以内的退位减法"的教学过程中，教师应清楚地意识到对于小学生来说，本节课具有一定的难度，学生在学习过程中如果仅背诵知识点内容，无法做到举一反三，也没有办法真正地掌握本节课的教学内容。因此，在教学过程中，教师可以使用阅读教学法，为学生创造数学阅读氛围，让学生对知识内容有更加清晰的认识与了解。一是让学生对书本知识进行初步阅读，对 20 以内的加法运算进行复习，并找到其与本节课内容所存在的联系，做到知识的融会贯通；二是让学生在阅读的过程中分析教师预留的问题，并提出一定的解决方案，鼓励学生利用所学知识自主学习，提高学生对数学学科的兴趣，从而提升学生的数学运算能力。

（二）创设情境，尊重学生的数学阅读主体地位

随着教育改革的不断进步与发展，在小学数学教学过程中，教师越来越意识到学生数学阅读主体地位的重要性，如何让学生真正地参与到小学数学阅读中来，如何让阅读潜移默化地渗透进小学数学教学，一直是教师探讨的热门课题。在小学数学教学中使用阅读教学法，教师需要为学生建设阅读情境，把学生带入阅读环境中，通过系统的训练，让学生适应阅读、理解阅读，进而爱上阅读，成为数学学习的主人，将数学知识与现实生活有效地联系起来，让学生真正地意识到数学学习的重要意义，最终实现数学教学的目标。

例如，学生在学习"元、角、分"的过程中，教师可以利用多媒体设备，为学生展示相关的知识点内容，并且将与元、角、分有关的实物带到课堂上，让学生对课程内容有更直观的了解，然后将学生分为若干个小组，以小组形式"比拼"，让学生在数学教材中查找本次课程所讲授的人民币图片，在规定时间内，哪个小组找得又多又准确，则代表这个小组取得了胜利，教师予以一定的鼓励与表扬。这种互动形式，不但有效地活跃了课堂气氛，而且让学生阅读了数学教材，提升了学生的阅读兴趣，将阅读工作有效地渗透于日常数学教学活动中，加深了学生对数学知识的整体印象。

（三）革新教学理念，培养学生的数学阅读习惯

当前，传统的教学理念已经无法满足学生的实际需要，我国一直以来沿用的"教师

讲课，学生听讲"的单一教学模式，也无法更好地激发学生的学习热情。因此，必须对传统的教学理念进行革新，将学生看作独立的个体，尊重学生的思想，对学生的数学阅读习惯进行全面培养，让学生通过阅读不断锻炼自身的理解能力，最终实现个人阅读能力的有效提升。

例如，在学习表内乘法的过程中，大部分学生存在一定的困难，对知识内容的不理解，导致他们无法真正融入课堂。如果此时教师一味地进行知识内容输出，采取"填鸭式"教学方法，学生可能会对知识内容有一定程度的掌握，但长期处于这种被动学习状态之下，学生无法有效地感知数学学习的乐趣，也无法理解表内乘法运算的具体含义，整个学习过程异常被动，不利于学生数学核心素养的综合发展，也对学生未来深层次的学习起到了一定的阻碍作用。为此，教师在教学过程中，必须转变以往的教学理念，革新教学模式，采用更加适合学生的全新的教学内容。

教师可以在课前预习阶段鼓励学生对相关知识点进行阅读，对不理解的部分通过查资料等进行理解，对于仍不能理解的内容用彩色笔标记，教师将对标记内容进行观察，找出学生存在的共性问题，并进行集中讲解。在这一过程中，学生带着问题进行数学阅读，不仅提高了学生的阅读能力，而且对学生自主发现数学问题的能力有一定的提升作用。学生进行长时间的阅读，不断地发现数学教材中的兴趣点，进而养成良好的数学阅读习惯，这对提升他们的数学逻辑思维能力，增强数学阅读能力及发现数学问题的能力，都有着极大的帮助。在教学"表内乘法运算"的过程中，教师也可以让学生理解、记忆知识点内容，最大限度地避免了"死记硬背"给学生带来的不利影响，提高了学生的学习效率。

（四）鼓励式教学，开发学生数学阅读潜能

小学生年纪较小，好奇心非常强，很难做到长时间地对某一件事保持专注。教师在数学教学过程中进行阅读渗透时，必须认真了解学生的特性，开展有针对性的引导工作。从一定意义上来说，数学教学工作是一个再创造的过程，教师在授课的过程中，要帮助学生建立数学思维，让学生对数学有一个更加清晰且直观的理解。在这一过程中，学生的阅读理解能力对数学学习具有极为深远的影响。在日常教学工作中，教师要对学生进行鼓励式教学，最大限度地开发学生的数学阅读潜能，让学生通过阅读，培养有效的数学能力。

例如，在学习"长度单位"的过程中，学生需要准确地理解与掌握厘米、分米、米

和千米等内容。在学习厘米、分米和米的过程中，教师可以借助卷尺、格尺等测量工具帮助学生理解相关知识，让学生产生直观的印象，并且在现实生活中也比较容易找到与厘米、分米和米相对应的参考内容，这有助于学生学习长度单位。但在学习千米的过程中，教师很难借助工具对千米的概念进行讲解，学生在学习的过程中也没有很深的印象。如果单纯地以"学校到家的距离为 3 千米""我市距某市 50 千米"等作为讲解内容，学生在学习的过程中很难形成准确的想象。因此，教师可以鼓励学生进行相关知识点的延展性阅读，使学生通过阅读了解山脉是用千米进行长度界定的，进而准确地掌握千米要远大于厘米、分米和米等单位。在学生进行课外延展阅读的过程中，教师应予以鼓励，并邀请学生将读到的知识进行全班分享，激发学生的阅读热情，在班级内形成数学阅读的良好氛围，充分开发学生的数学阅读潜能。

（五）加强教师培训，提高教师专业技能

小学是学生接受系统化教育的最初场所，教师对学生的发展具有重要意义，是学生前进道路上的领路人与指导者。在小学数学教学中渗透阅读教学，必须提高教师的教学能力，通过专业化培训，让教师意识到阅读在数学学习中所发挥的重要作用，提高教师的专业技能，真正将阅读更好地渗透到数学教学工作中，培养学生的自主学习能力，选择与学生相配套的阅读内容，促进学生的综合发展。

例如，小学数学教研组每周定期召开内部研讨会，就班级学生的实际学习情况进行探讨，交流分享近期的数学阅读内容及学生阅读情况，根据学生的诉求，进行教学方案的规划与调整，实现教研组内部的长期性培训工作，调动教师教学创新的热情，为学生带来更为专业的数学阅读引导，让学生在教师的指导下有序地开展数学阅读学习，提高学生的数学学习能力与学习素养，促进班级整体数学水平的提高。

第四节　故事教学法

一、在小学数学课堂中应用故事教学法的原则

在小学数学教学过程中，提高教学效率的最佳办法便是故事教学法，但故事教学法在运用过程中有三个原则需要教师遵守。

（一）满足教学需要

教师要想发挥故事的作用，就要结合小学生的实际心理情况，选择他们能够理解的故事，并且与教学内容相统一，不能与实际相脱离、照搬他人的教学设计。

（二）适当提问

学生可以通过教师提出的问题，深入地思考教学内容，调动积极性。教师在运用这一方法时，可以把深奥的数学问题融合在简单的故事之中，在学生兴趣盎然时提出问题，不仅能激发学生的兴趣，而且能降低问题的难度。

（三）注重总结知识

无论故事教学法能起到多大的作用，课堂的主题依旧是数学知识的教学。所以，教师不能只注重应用故事，而且要注重对知识的总结，要使学生沉浸在故事中的同时，学习到知识。

二、故事教学法的优势

故事教学法在小学数学教学中有着自己的独特优势，现总结为以下几点：

（一）借题发挥，让故事充满课堂

怎样上好一堂数学课，这是一线教师长期关心的问题。这不仅需要教师充分发挥数学课的优势、展示课堂教学的魅力，而且要千方百计地激发学生的学习兴趣，让数学课充满活力。那么，如何借助故事来上好一堂数学课呢？

1. 要学会引导

要让学生在课前就已经对教学内容充满好奇，带着强烈的求知欲进入课堂，学生才能积极、主动地投入到愉快的学习氛围中去。例如，在教学"认识长方形、正方形、圆"时，教师不能简单地出示这几个图形、给学生讲解每种图形的特征，教师可以让学生尝试制作一些图形头饰，扮演不同图形角色，在"图形王国发布会"召开前，学生先了解这些图形的特点，在"图形王国发布会"上，让部分同学上台与其他同学交流自己制作的图形与其他同学制作图形的异同，这样的课堂设计会让学生眼前一亮。

2. 要挖掘教材的趣味点

教师要根据学生的年龄特点和性格特点，在教材和众多的故事中，从适当的角度，寻找学生学习的兴趣点，结合数学故事抓住教学的重难点。

3. 要关注教学细节，促进与学生的情感交流和沟通

和谐融洽的师生关系，会让学生轻松愉快地进入学习状态。数学教学中的故事不仅是一个故事，而且是师生间传递知识的纽带，是学生展示的平台。学生能够在这个平台发现自己的亮点，发挥自己的特长。故事教学法能够让更多的学生在课堂上"把头抬起来，把手举起来"，从而获得成功的体验。

（二）联系实际，让故事的美融入生活

学习即经历，要在日常学习的点滴中创造属于学生自己的故事。联系学生独特的生活经历，普通的数学课可以变得不普通，可以发挥更高的育人价值，也可以创造美丽的数学故事集。当教师进行实际教学时，将课堂教学与学生的实际生活相联系，学生的思

维就会变被动为主动，其感悟会更深、情感会更强。

（三）出人意料，让故事变成兴趣和动力

故事教学不是简单地让学生自己去听教师讲个故事或者自己讲个故事，而是让学生自己动手去写一个故事，将自己的一次经历、一次回忆变成一个故事。在不断的训练中，在教师的引导下，学生的动手能力、观察能力、口头表达能力和合作讨论能力都将得到进一步提高。

（四）再构框架，感受数学之美

在教学中，教师要不断引导学生发现和欣赏现实生活中的对称美，将自己想象成其中的某一种图形，感受什么样的图形是轴对称图形，这样的轴对称图形有什么特点，根据这些感性知识，能创造出什么样的、新的、精美的图案。这类教学既能提高学生的审美意识和审美能力，又能让学生感受到数学那种令人赏心悦目的美。

三、故事教学法在小学数学课堂中的应用

（一）视频片段故事

通过复习导入法，将学生之前所学的知识引出，是教师通常会使用的教学方法。在一定程度上，这种方法可以帮助学生巩固所学的知识，但是会让课堂变得枯燥乏味，也可能会使学生对数学学习不再感兴趣。如果将课前导入的方式换一种形式展示出来，如播放一段具有故事性的视频片段，将会吸引学生的注意力，与学生的学习习惯契合，使学生学习数学的兴趣得到激发。在这一基础之上，教师进行有针对性的帮助和指导，便能超出预期的教学目标。

例如，在教学"二十以内的加减法"这一内容时，教师可以播放动画片段，来激发学生的兴趣，并设置问题："在一座蟠桃园里，孙悟空正在摘蟠桃，一棵桃树上原本有15个蟠桃，孙悟空摘走了9个，请问这棵树上还有多少个蟠桃？"孙悟空这一人物形象是学生较为熟悉的，能够在第一时间吸引学生的注意力，也能够让学生对学习内容产生浓厚的兴趣。

（二）生活化小故事

小学数学知识的编排是贴合生活实际的，因此学习的目的便是能够将其运用到日常生活中。为了使教学目标得以实现，教师在教学过程中要将知识与生活实际相结合，加入实际问题，实现乐学、乐教，帮助学生巩固所学知识。

例如，教师在讲授"百分数打折"这一知识点时，可以先引进一则生活故事：

小刚已经上六年级了，为了能在家中用电脑查找资料，他想给自己买一台电脑。爸爸很痛快地答应了小刚的请求，但提出了一个要求，要先去电脑城询问价格，选择最优惠的那一家。小刚去了甲乙两家电脑城，甲电脑城的店员说："本店电脑一律享有 25％的优惠。"乙电脑城的店员跟小刚说："全场电脑一律 7.5 折促销。"小刚一时摸不着头脑，无法比较。跟爸爸说了之后，爸爸的回答是两家都是同样优惠的价格。这究竟是为什么呢？"

上述案例与学生的生活密切相关，他们的求知欲一下就被调动起来了。受到求知欲的驱使，学生很轻松地掌握了学习内容，问题很快得到了解决。

（三）名人事迹故事

在学习任何一门学科时，动机都是尤为重要的，尤其是学习数学。有不少学生其他学科的成绩都很优秀，但数学成绩却非常糟糕，出现这种情况的原因便是没有强烈的数学学习动机。针对这种情况，教师可以在使用故事教学法时加入名人故事讲解，调动学生主动学习的热情。例如，在进行"数字排列规律"内容的讲解时，教师可以引出著名数学家约翰·卡尔·弗里德里希·高斯的故事，以激励学生积极探索，让学生知道数学知识只是表面上看起来枯燥乏味，只要有敢于发现、探索的勇气，就能学好数学。

第五节　游戏教学法

一、小学数学游戏教学法的理论基础

（一）建构主义理论

建构主义理论属于认知心理学派，皮亚杰、奥托·科恩伯格等人是认知心理学派的代表人物。建构主义的核心思想是唯物主义思想，即认为这个世界是客观存在的。由于每一个人的思想都具有能动性，在理解同一件事物时也会有不同的看法，理解也就千差万别。但无论如何，在一定理解经验的基础上进行认知是必不可少的。

在教育心理学领域中，建构主义是指在学习新旧知识的过程中，不断完善头脑中的知识储存，构建起完整的知识体系。这种学习观的基本观点是在学习之前学习者的思想中就已经有了对基础知识的了解，所以教师在教学活动中应该充分考虑学习者已有的学习技能，构建新旧知识之间的联系，促进学习者学习。教师不仅仅是"搬运知识"，而且要对信息进行理解、加工，使之变成带有自己情感的、更加生动的知识；学生也不再是传统的"学习工具"，而是会主动思考、有独立思维能力的学习主体。

建构主义认为，学习应以解决生活中的实际问题为基础，将知识与现实联系起来，以现实生活为基础，引导学生在现实情境中解决问题。教师要做的便是给学生提供解决问题的路径，引导学生积极思考。

传统的教学方法会因为游戏教学的融入而改变：学生能够主动地学习知识，主动参与到学习的过程中，在探索中形成自己独特的方法。在游戏的教学过程中，教师引导学生参与到游戏过程中，学生主动参与，激发创造性思维，这样能够实现学生对数学的意义建构。

在数学游戏化教学模式中，教学游戏的设计依据的是建构主义的学习理论，完善、丰富游戏的活动形式。在数学教学游戏的设计方案中，教师要提前调查学生的已有知识和学习风格，以期设计最适合学生的教学游戏，使知识的传授方式由"灌输式"向"启发式"转变，真正实现学生的主体性和主动性。在教学游戏活动中，教师要随时关注学生的行为和情绪，不断引导学生向学习目标靠近，并调动游戏中的氛围，防止一些学生由于游戏失败或挑战失误而情绪低落，影响学习进度。因此，整个教学游戏的过程都要基于建构主义理论，充分展现学习者的学习主动性。

（二）多元智能理论

学校教育始终侧重于发展学生的语言和逻辑智能，却忽视了学生其他智能的开发和训练。因此，教师要充分尊重每个学生的智力特征，并使用多元化的教育方式和教育模型，确保每个学生都能获得最大、最好的发展。在传统教育方法的基础上，游戏教育增加了娱乐性和趣味性，通过讲故事，创造性地提高学生的动手能力和想象力，带动人际交往能力、语言表达能力、团结协作意识和艺术创作思维的提升。游戏教学能够发挥学生智力结构的多样性，保障智力水平不同的学生能够全面发展自己，推动了智力的合理化发展。

（三）人本主义学习理论

马斯洛和卡尔·兰塞姆·罗杰斯（以下简称"罗杰斯"）是人本主义心理学的代表人物。人本主义主要把"人类价值观、创造力及自我价值的实现和自我实现"作为研究对象。人是不可分割的整体，必须从整体上进行深入研究，每个人都有不同的需求和欲望。因此，为了充分了解一个人，必须从他的内在心理入手，如需求、欲望和情绪等。人本主义学习理论是基于个体的学习经验提出的，对学习者的学习过程持有不同的意见，在研究自我价值实现的问题上，提出教育理念应该满足人类发展的实际需要。

罗杰斯说："一直以来，认知是教育的重点，我们抛弃了学习以外的任何情感，就是将与生俱来的天赋抛弃了。"罗杰斯认为，在教学过程中，应该尽力引起学生感情上对知识的共鸣，并称"能够做到共情的人"为"完整的人"。他建议培训那些能够调节自己情绪的人。罗杰斯指出，传统教学存在很大的弊端，那就是师生双方的隔阂，教师的教与学生的学无法融为一体，仅仅按照单一的教材模式进行讲课，过于呆板和机械化，不能教育出能够灵活运用知识适应环境的人。所以，将学生培养成"完整的人"，使学生适应环境的变化，甚至改变不利环境，成就自我，对于教师而言，就是成功的教学。

在传道授业解惑的过程中，教师不应该让学生被动地接受知识，而应该让学生加入自己对知识的理解，引导他们对知识产生共鸣，进而激发学生主动学习知识。

在基础教育改革的环境下，对于小学低年级数学教育，不仅要着重促进小学生的"认知"，而且要着重培养学生的情感态度和价值。数学课注重思维，专注于解决问题，并不断对学生的探究、尝试进行鼓励，引导学生展开思考，发现问题并深入探究，最终养成勤动脑、爱思考的学习习惯。

数学教学模式中的游戏化教学主要结合游戏的趣味性，引起学生对数学学科的学习兴趣，在做游戏、解难题的过程中激励学生主动探索，使学生享受数学带来的乐趣，开发自身潜能，实现学科知识、情感体验和技能发展三方面并进的教学目标。

二、游戏教学法在小学数学中的应用策略

（一）围绕数学课程教学目标开展游戏教学

1. 根据教学内容选择合适的教学方式

游戏教学是辅助课堂教学的一种工具，要想使其真正发挥作用，就必须将其与传统教学方式有机结合。根据具体教学活动，部分教学更适宜采用传统的灌输式教学方式。因此，教师在具体的教学过程中要对知识的脉络有一个清晰的认识，熟悉教学目标与教学要求，详尽分析各个知识点所要达到的素质目标，选取最符合学生认知规律的教学方式进行具体的教学设计，帮助学生更好地掌握数学知识。

顺利开展游戏教学，离不开本学科教学目标这一核心导向。教师在进行游戏教学前，要明确自身的教学思路，对教学目标有清晰、准确的把握，制定完整、可操控的教学实践方案。

要提高课堂教学活动的效率，让学生能够真正地学习到知识，有所收获。在义务教育学习阶段，应培养学生的数学思维，提高其问题分析能力，培养正确的学习态度与观念，掌握基础知识技能，实现学生综合素质的全方面发展。

教学目标与方法的选择，应该依靠具体教学内容来确定，课程设计具体包括四个阶段，分别是图形与几何、统计和概率、综合与实践，以及数与代数。根据这套课程设计方案，教师应该关注学生的学习状态，提升他们对数学的敏感度，培养学生的空间概念、数据分析能力、运算技巧、推理水平和思维模型。

另外，立足新时代背景下对人才培养的实际需求，教师在教学活动中应该注重培养学生的创新能力和实践动手能力。因此，教师在进行课程安排时，既要借鉴课程内容，实现课堂效果的最优化，又要根据实际需要，选择合理的游戏类型，帮助学生理解课程内容。

2．培养学生对数学学习的积极性和自信心

教师要主动关注学生的学习状态，引导学生树立正确、科学的学习态度，培养学生对数学学习的积极性，这样才能更好地增强学生的自信心和满足感。教师在课堂活动当中必须以学生为中心，发挥学生的主体地位，提高学生在课堂中的积极性和主动性。

游戏教学是适应当下教学现状的新兴教学手段，充满乐趣性与体验性，对于激发学生对数学的学习兴趣具有极大的帮助，能够引导他们探索数学的奥妙。当学生面对某一课题产生消极的心理时，教师可尝试采用游戏的方法，转变学生的思维模式，帮助学生摆脱困境，让教学更具趣味性与体验性。

3．培养学生在游戏实践中解决问题的能力

数学教育的目的在于帮助学生用数学的知识更好地解决生活中的问题。在进行完整、系统的数学学习之后，学生能够在头脑中建立起数学知识体系，在现实生活中独立解决遇到的问题，进一步感受数学对生活的重要性。游戏教学有极强的教学魅力，主要体现在能够保证每一名同学都参与到课堂教学环节中，通过自身的体验和探索得出结论，帮助其学习知识，培养分析、研究、解决问题的能力。

（二）丰富数学课堂的游戏教学类型

教师要增加游戏的种类，让游戏变得更加多样化。一个游戏的设计是否符合学生实际的心理状况，取决于游戏是否有趣，这是能否提高学生积极性的最重要因素。如果游戏教学失去了趣味性，毫无疑问就是失败的，浪费了游戏教学的重要价值。对此，教师在平常的活动当中，要仔细观察不同学生的性格特点，根据他们的不同个性特征设计相应的游戏，以此调动起全班学生的积极性，进而帮助学生产生强烈的学习兴趣。游戏的设计多种多样，贴近学生实际、符合其心理特点的数学教学游戏，主要包括故事讲述、观察体会、猜想设计和竞赛等。

任何游戏教学都不能脱离实际教学内容而单独存在，教师必须设计符合课程目标的游戏，才能真正帮助学生养成数学思维。

1．竞赛游戏

"相对评价"是竞赛游戏教学方式的评价标准。教师按照竞赛游戏教学的要求，将学生划分为能力水平较为平均的小组，学生借助团队的力量进行小组比拼，或小组内部成员之间进行比拼。为此，教师要准备不同的奖惩措施，让游戏更具趣味性和竞争性，激发每一个学生和每一个小组的胜负欲，让每一个学生都能参与到教学实践中来，让学生在竞技中获得自尊和自信心，提升学生的满意感，发挥课程设计的最优效果。在具体的教学过程中，可以采用的竞赛形式有夺冠淘汰赛、抢答回答赛和基础知识大比拼等。

2．闯关游戏

"绝对评价方案"是闯关游戏的评价方案，这在游戏化教学当中是非常重要的存在，要根据实际的课堂需要进行教学。教师要利用多种教学方式和教学工具，根据实际教学内容设计难易程度不同的关卡，激起学生的胜负欲，引导他们主动参与活动。每通过一个关卡，就代表学生已经学会了这个知识点，也就意味着教师完成了教学目标。如果没有通过某个关卡，说明学生还需要继续学习某一方面的知识。虽然是游戏的形式，但却蕴含着丰富的教学内涵，不同的任务代表着不同的知识点，这对于检验学生对知识的掌握程度是非常有效的，也可以引导学生主动学习新的知识点。通常，这种游戏环节会设立在巩固提高阶段。

课后练习是非常好的检验教学效果的工具，能够非常直接地检验学生是否掌握了课堂知识。在练习题的选择上也有难易的区分，闯关游戏正是遵循这一原则应运而生的，对于打牢学生的数学基础，拓展学生的思维有非常重要的贡献。

3．情景模拟游戏

在课堂教学过程中，教师要充分发挥领导作用，用启发式教学方式，帮助学生树立自信心和积极性，积极鼓励学生参与课堂实践教学，鼓励学生进行合作交流、相互讨论，让每一个学生都变成课堂活动的参与者。情景模拟游戏教学的关键在于教师要融入学生群体，增强教师的亲和力，强化学生的主体作用。

游戏教学对教师提出了更高的要求，教师在日常工作和生活中要自觉、主动地收集符合学生心理特点的游戏，阅读相关的游戏教学图书，学习他人的优秀教学案例。利用具体的案例，帮助学生更好地理解游戏的含义，这对今后开展教学工作有着重要的启示意义。

（三）加强游戏过程中的课堂管理

运用多种途径，维护课堂秩序，控制课堂纪律，是游戏教学对教师提出的最大挑战。一年级的学生很容易被带入游戏的情境之中，也很容易因为玩得过于投入而忘记了课堂纪律，甚至导致课堂失控、最终实现不了教学目标。

1．调动多主体维护课堂秩序

当出现课堂秩序问题时，教师不能为了赶课堂进度而忽视秩序，必须快速地找到引起秩序混乱的原因。例如，在进行游戏时，许多学生一直在说话，教师大声让学生保持安静，学生安静一会儿又开始说话，后来教师发现学生说话的原因是没有听明白游戏规则，不知道要做什么才与同学商讨。因此，教师及时地再次讲解规则并作出示范，学生也就不再说话，转而参与到游戏中。

（1）教师灵活地运用口令和操作型指令。在游戏活动中，教师可以灵活地运用口令或具有操作性的指令，维持班级的纪律。例如，在游戏结束后，如果学生还沉浸在游戏当中，无法进入接下来的教学活动，教师可以大声地说"小眼睛"，学生回答"看黑板"，通过这样的操作型指令，学生的注意力能够迅速转移到教师身上。

（2）班干部协助管理。班干部是教师管理课堂纪律的小帮手，因此在日常管理工作中，教师可以培养几个得力的小帮手，让这些班干部、小组长帮助教师管理课堂纪律，既可以调动学生在课堂上的积极性，又可以利用学生之间的影响力维护好课堂秩序。

（3）分小组管理，发挥小组长的作用。小组合作能够帮助教师管理好课堂秩序，教师可将班级成员分成若干小组，推行小组积分活动。如果能够积极地参加课堂活动、上课遵守纪律，就能够获得奖励积分，反之则会有一些惩罚措施。如此一来，便可以让小组的每个成员都参与到游戏当中，维持良好的课堂纪律。

2．保证游戏参与对象的全面性

在组织课堂游戏的过程中，教师要注重游戏的覆盖面，照顾到全体学生。小学课堂的时间有限，且学生人数较多，因此学生不可能一次性地全部参与到游戏中来。教师可以通过灵活多样的方式，鼓励学生自主参与到活动中来，从而保证课堂效率。

为了使游戏课堂发挥更大的作用，教师在设置游戏时要有难易区分，要引导学生主动地参与到课堂活动中来，让他们在享受游戏的过程中收获丰富的知识。教师可以通过积分活动，增强学生的团队合作意识。在与他人的交流过程中，学生也可以自主思考，然后通过共同努力完成教师布置的课堂任务。例如，在学习使用计数器时，教师提问"两位数 16 应该怎么表示？"可以先让学生自主讨论，能够主动回答问题的小组可以获得加分机会。

每个学生都是独一无二的，性格一定存在差异。因此，对待不同的学生，教师应该有不同的方式。教师应该注意观察不愿意表现的、内向的学生，了解他们不愿意表达的原因，多多给他们提供展示自己的机会，一定不要吝啬鼓励，进而在课堂上让每个学生都有所收获，体会游戏带来的快乐，战胜恐惧。

（四）注重游戏教学的课下反思

教师的自身成长和职业发展，需要基于长期教学经验的积累。教师作为辅助学生学习的引导者，需要提升教学设计环节的专业技能，以确保教学的有效性。但是，大部分教师的教学经验有限，使得他们要在课后反思中及时总结问题。如果教师能够客观地分析教学内容，并且在概括缺点方面做得很好，提出改善措施，就能有效地提升教学质量。

1．对比专家讲座进行反思

学校可以开办专家专题讲座，提高教师的整体教学水平。在学习的过程中，教学设计应该注意结合理论与实际，提高教学设计过程中教师的认知能力。例如，在进行专题讲座的同时，邀请专家参与一节课的教学，本校教师旁听学习。教师在教学目标、教学重点和课堂应变能力等方面的提升，会使其专业教学能力得到提升。教师在教学过程中出现的问题，可以在课后与专家讨论、分析，以期及时解决。

2．撰写游戏教学反思日记

教学反思是指教师在下课后重新评估自己在教学过程中发现的教学问题，这可以帮助教师提高自身的专业水平。写教学日记是一种常见的教师反思方法。苏霍姆林斯基曾强调在教学反思中写教学日记的作用，指出教学日记具有重大的教学价值。因此，教师可以使用教学日记回顾之前的课堂教学，总结教学的亮点和不足，使教师能够在反思过程中形成良好的教学习惯，并积累经验。

第四章　小学教育学科教学实践创新

第一节　语文学科教学实践创新

我国古代思想家孔子在《论语》一书中说："知之者不如好之者，好之者不如乐之者"。美国著名的心理学家布鲁纳也曾说过："学习的最好刺激，乃是学生对所学材料的兴趣。"由此可见，兴趣是学习的最佳动力。

在当前的语文教学中，教师偏向于知识的传授，从而忽视了对学生语文学习兴趣的培养、语文学习动机的激发和对语文知识运用能力的训练。在《义务教育语文课程标准》中，针对语文教学指出，语文教学中的阅读教学部分需要培养学生的阅读兴趣，不断扩大学生的阅读面，使学生的阅读量得到增加，适当减少习题练习，提倡"多读书，读好书，好读书，"的阅读模式，鼓励学生对阅读材料进行自主选择，并坚持读整本书。以上内容的提出，为小学语文教学提供了发展方向。语文教学中的智慧体现，主要体现在对学生进行语文学习兴趣的培养上，使学生能够保持持久的学习兴趣，在语文学习中达到乐学、善学、会学的状态，进入"学而忘我，乐此不疲"的学习情境。

一、以导学单引领学生自主预习

在以往的教学过程中，常常是以教师教、学生听的方式展开教学，长此以往，学生的学习积极性逐渐减弱。对于学生学习探究兴趣的激发，教师需要改变传统的教学方式，对教学模式进行新的探索。为了促进学生阅读兴趣的提高，教师可以尝试运用新的阅读教学方法，如"导学单引领，先学后教"的教学方法。在教学实践中发现，该教学模式能够将学生在课堂教学中良好的学习状态充分展现出来。以六年级上学期《我的伯父鲁迅先生》一课为例，通过导学单与课文相结合，进行"导学单引领，先学后教"模式内涵的实践探究。

第一环节，导学激趣——引起认知冲突。

教师在课堂教学活动开始之前设计教学导学单，导学单的设计主要是根据课文内容，以字词的认识、课文的熟读和文章发展线索的梳理三方面作为教学引导方向，使学习以此展开预先自学。在课堂学习中，导学单的作用不仅是帮助学生在课前对课文内容做一个充分的预习，更重要的是培养学生的自主学习能力。由于学生在课堂开始初期已经进行了课文预习，在课堂开始之后就能够更有效地节约课堂时间，让学生在注意力最为集中的时段，与教师一起进行文章深层次的探索。教师可以通过提出问题，激发学生间的认知冲突，以此提高学生的学习兴趣。例如，教师可以提出："为何作者称了伯父，还要称'先生'？"通过问题的提出，激发学生对文章的阅读兴趣。

第二环节，先学后教——发掘学生的创造力。

以小组为单位，围绕"为何作者称了伯父，还要称'先生'？"展开思维教学，在逻辑思维的引导下，让学生对作者的称呼进行思考，学生的好奇心与探究性会得到充分激发。各小组可以采用口述的形式，也可以采用文章朗读等多种不同的形式，展示问题的答案。虽然多种表述方式在语文教学中经常使用，但通过学生运用自身的能力来表述，可以更有效地促进学生自主学习能力的提高，更是对学生转述能力与概括能力的训练，将书本语言转化为自身语言的过程，也是学生语言文字理解能力的充分表现。

第三环节，用问题引导思考。

在教学实践中发现，学生在学习过程中虽然能根据课文的描述形成初步的理解，但学生的理解只停留在内容的叙述上。这种状态的改变，需要教师对其进行深入的引导。例如，教师可以提出："作者在写鲁迅伯父的时候，是否将自己放在了侄女的角度去写？""当作者对鲁迅伯父怀有一定的敬佩之意的时候，是否应该改变称呼呢？""作者对鲁迅伯父的称呼的改变，是不是因为对伯父的感情发生了变化？"一步步引导学生进行深层次思考。

在略读课的教学中，教师也应该进行多元化的阅读理解引导，以帮助学生充分掌握文章的中心内容与主旨含义，使学生通过略读课真正体会到阅读的乐趣。

二、以趣味为中心的阅读模式

（一）准确解读文本，捕捉"动情点"

以人教版小学五年级语文教材中《学会看病》一课为例，课文中关于叙事类的文章通常都具有一定的"动情点"。所谓"动情点"，就是指文章中最能够引发读者共鸣，打动读者的内容。教学中需要教师找准"动情点"，以此作为激发学生阅读兴趣的刺激点。《学会看病》主要讲述了儿子感冒身体不舒服，而妈妈要他独自去医院看病，儿子最终学会自己看病的故事。课文中所讲述的母爱是深沉而又理性的，与普通母爱的深情流露有所不同，因而更容易激发学生的感动之情与阅读兴趣。在此基础上，教师用"狠心"作为最初的教学引导，并将"母亲是否狠心"这一线索贯穿整个课堂教学与文章学习之中，要求学生首先在全篇初读的基础上，将文章中母亲的心理活动标记出来，并将所有能够体现母亲心理状态的词语进行着重标记，或者可以在教材中对母亲的心理活动进行感受批注。学生通过对母亲心理活动描写的深入研究与分析，体会母亲让儿子单独去医院看病是"狠心"的，但其中透露出来的对儿子的牵挂同样是无法忽视的，其背后是深深的母爱。

（二）联系生活补白，寻找"兴趣点"

教材文本是语文教学中的主要载体，在教学中，不仅向学生提供了学习范本，更为提高学生的说、写能力提供了丰富的资源，也是教师在课堂教学中重要的课程资源。因此，在教学中，教师要在教材中找到学生的"兴趣点"，以此促进学生阅读能力的全面提升。

学生在语文教学中对文章阅读的理解程度，是以学生的生活经验作为基础的。因此，在语文教学过程中，教师应该从多个角度对学生进行引导。以《学会看病》为例，教师与学生通过文本的阅读理解与系统学习，一起将文章中描写的母亲的情感变化展示出来，教师再对学生进行角色转换，引导学生能够从自身生病、看病的经历出发，体会文章中儿子在看病过程中出现的复杂的心理变化，并让学生尝试将文章中儿子的情感变化描述出来，目的是引导学生产生同理心，以此激发学生对文章进行深度探究的兴趣。另外，还可以引导学生通过找出文章中的描写心理变化的关键词，对儿子的心理变化过程进行总结概括。因此，这样的教学方式能够让学生在贴近生活的基础上，深刻体会文章的中心主旨，最后再对文章中儿子的心理活动进行补白，用情感的转换，使学生充分抒发自身对母爱的理解。

（三）手段形式多样，激活"兴奋点"

在教学中，教师可以用激发学生"兴奋点"的方式，调动学生的积极性，使学生在轻松、愉快的状态下获取知识；还可以充分运用多种教学手段，调动课堂气氛，激发学生的学习热情。

例如，在《学会看病》的课程设计中，教师要考虑到学生的个性化差异，以确保在教学中能够顾及所有学生的学习感受。在针对文章中儿子的心理活动进行补白时，教师可以设计三个层次的练笔情境。

第一次练习，可先练习人称转换。将文章中母亲的语言转换为儿子的语言，采取句式迁移的方式展开写作练习。例如，转换为"我想妈妈一定是世上最狠心的母亲，在我有病的时候，不但不帮助我，还给我雪上加霜。她就是想锻炼我，也该领着我一起去，一路上指点指点，让我先有个印象，以后再按图索骥。来日方长，又何必在意这病中的分分秒秒呢？"句式的转换，在一定程度上降低了学生对文章理解的难度，刺激了学生为儿子进行心理补白的欲望，建立了学生写作的自信心，可以达到激发学生进行写作的目的。

第二次练习，可以对文章中描写母亲心理活动的句子进行仿写练习。在此过程中，学生由于对母亲的想法缺少一定的感同身受，因此教师可以适当地增加一些母亲的心理活动补白，引导学生开发自己的想象力，以此来提升学生的创作能力。

第三次练习，是以课后补充作业的形式，让学生对《学会看病》文章进行仿写练习。通过前两次的写作练习，在课后，学生在进行文章仿写时的情绪会更加饱满，文章内容会更加丰富。

多样化的练习方式，无论是针对学习能力较强的学生，还是针对学习能力较弱的学生，都能够在其实践中有效地提高写作能力。

三、基于习题的板块模式

在语文教学第三学段的教材中，通常会在每个单元里设计两篇精读课文。在精读课文的设计中，章后习题的设计类型十分丰富，且每个问题的侧重点与考查点各不相同。

在精读文章的第一部分，大多是对文章进行朗读、默读，充分体现"读"在语文教学中的重要性。

第二部分大多侧重对文章内容的理解，通过学生对文章内容所包含的思想感情的理解，让学生掌握文章的表达方式；还可以选择不同的学习方式展开学习，如利用默读的方式对文章进行深入的理解，或者通过小组讨论交流的方式共享学习心得。

第三部分大多是结合自身的学习经验，对文章的关键词句和主要内容进行深入理解，对文章中的写作方式进行全面体会。

除此之外，还会有多种题型供学生练习，如选择题，能够促进学生对文章的精准理解。精读文章后的习题具有极强的针对性，其设计具有一定的层次性，不同程度的习题，能够满足不同层次学生的学习需求。

在语文课堂教学中，教师通过布置课后习题，引导学生对课文进行深入理解与掌握，能够帮助学生有效地对文章的重点和难点进行挖掘，使语文课程的学习更加快捷、有效。

第二节 数学学科教学实践创新

一、数学教学中的"超越现象"

自新课程改革至今，教师的教学方式、教学理念，以及学生在教学中的学习方式，都发生了变化，其中，尤以小学阶段最为突出，特别是在小学数学教学中，这种变化的出现，给教师带来很大的困扰，如"超越想象"的出现，就给教师的教学工作带来很多不利影响。

（一）教辅资料越来越多

随着社会对教育重视程度的不断加深，为促进教育教学的多样化发展，在当前的教育市场中存在着种类繁多的教辅资料。在教学中，教师对教辅资料的选择十分重要，但是名目繁多的资料让教师与学生在挑选时出现一定的困扰。出现这种情况的原因，一方面，因为在新课程教育改革实施下出现了多种不同版本的教材，为有效辅助教师教学，教辅资料内容需要与教材内容相匹配，因此多样化的教辅资料层出不穷；另一个方面，在教育受到广泛重视的情况下，教辅市场的经济效益也在不断增加，教辅资料的使用周期与更新速度明显加快，不同类型的教辅资料不断增多。通过市场调查可知，就小学数学而言，市场中每个年级的相关配套教辅资料至少 20 种，且每个学生除了使用教师与学校统一订购或指定的教辅之外，还会自主购买相关的教辅资料。

（二）学生练习量越来越大

随着新课程教育的改革，基础教育的重要性不断体现，学生在学校的学习量不断增大，随之增加的还包括学生的作业量，学生每学年的复习周期越来越长，期中、期末考试复习使用的试卷越来越多。为促进学生对知识更好地掌握，教师对学生学习的要求更加严格，给学生布置的习题不断增多。家长为确保学生学习成绩优异，同样想方设法加强学生对知识点的反复练习。

（三）学生做题速度越来越快

在以往的教学理念中，无论是教师，还是家长，都认为量变会带动质变，因此当学生在学习中练习的数量足够多之后，学生自身的"题感"就会逐渐增加，其中最明显的改变，就是学生的做题速度逐渐加快。

以上所述的"超越现象"是当前新课程改革中最为主要的问题，这种不合理现象的产生，使教师和家长陷入了深深的思考：教学工作需要不断提高教学质量，但教学质量的提高，难道只能依靠题海式教学，以及学生做题速度的加快吗？

二、思考：数学教学要"提速"吗？

数学是展现思维方式的重要学科，因此培养和提高学生的思维能力，是当前小学数学教学中提高教学质量的重要内容。数学思维能力的培养，是促进学生智商发展的重要手段。在教学中，对学生数学思维的训练，依赖于科学的教学指导。在当前的数学教学中，教师常常以解题速度的提高作为教学的主要目标，这种教学方法显然是不科学的。

在教学中，数学教学质量的提高，主要存在以下误区：

（一）增量 = 增效

在数学教学中，盲目地使用题海教学方式，不断增加学生的练习量，不仅无法确保提高学生的实际学习效率，而且过度的题量可能会激发学生的逆反心理。虽然熟能生巧，但熟也可能生"笨"，大量的重复性、机械化练习，不仅会使学生在学习中陷入模式化的误区，长此以往，还会消磨学生学习的积极性。

（二）提速 = 提质

在数学学习中，学生解题的速度很关键，但解题速度的提升并不是盲目的，应该选择一定的科学方法，避免速度提升过快导致"超速"，而使学生的数学思维逐渐疲劳。在教学中，教师不仅要帮助学生提升解题速度，更应该加强对学生数学思维的训练。因此，在数学的练习中，当确保学生的解题速度与学习速度达到一定的指标后，应该适当减缓学生的做题、解题速度，转向引导学生进行深入思考，帮助学生养成良好的思考习惯与学习方式，才能够真正地提高学生的学习效率。

三、行动：减速缓行——让学生遨游在思维的世界中

长期的教育实践证明，在学习中所获取的知识本身没有力量，当学生在学习中通过思维方式，对知识进行获取或者运用知识解决当下的问题，才能够促使智慧的生成，实现知识的力量。在新课程改革的引导下，数学教学侧重对学生思维能力的提升，激发学生在学习中体会自主思考的快乐。

（一）立足课堂，把思考的时间和空间还给学生

课堂是教学活动展开的主要场所，学生是教学活动的主体，在课堂教学中，教师应该适当地对学生进行引导，以此激发学生在课堂学习中的主动性与积极性。对于教师而言，教学智慧的运用，需要学会适当的"退"，为学生提供大量的自主学习时间与空间，让学生更好地参与到学习活动中，以此促进学生自主学习能力的提升。同时，在教学活动实践中，教师应该采取调换教学环节顺序等方法，来改善和优化教学方式。

1．从先教到先学

在教学活动中，教师对教育心理学的掌握是极为重要的，通过对学生想法的掌握，准确地找到学生学习兴趣的激发点，是开展高效教学的基础。在教学中，教师对学生教学方式的应用，应该充分贯彻"先学后教"的理念，对学生的先学进行适当引导，把学生在学习中遇到的难点问题，作为后面教学内容的基础，以开展有针对性的教学指导。

通过教学实践可知，在教学活动的展开中，采取学生先学、教师后教的教学方法，所取得的教学效果，远高于被动学习所得到的教学效果。

2．从会做到会说

语言是思维能力的主要体现形式，对于学生数学思维的拓展，需要加强对其解题能力的训练，虽然解题能力的提高是极为有效的促进数学思维的方式，但并不是唯一的方式。在数学课堂教学中，学生的数学思维拓展，需要通过学生数学能力的表达予以提升，即教师对学生进行"说题"训练，让学生有逻辑性、有条理地将自己对于练习题的分析、思考过程进行详细且充分的表达。在当前的数学课堂教学中，数学能力的表达，需要教师对学生加以引导，以此作为数学思维发展的基础。对于学生数学表达能力的提升，主要分为三个阶段：

第一阶段，引导学生在记忆中梳理自己的思路。

教师在数学课堂的教学中，由于数学学科本身的逻辑性较强，因此教师要把控好课堂教学的节奏。在反馈时，教师不仅要重视学生的解题结果，更要重视学生的解题思路与解题过程，并对学生进行适当引导，刺激学生的表达欲望。举例如下：

教师："你看到题的时候，是怎样想的？"

教师："把你的解题思路与解题想法分享给大家听好吗？"

第二阶段，引导学生在转述中梳理其他学习思路。

数学教学对学生动手能力的要求非常高，对学生理解能力的要求也很高，在解题中，学生聆听教师与其他学生的解题思路是极为重要的。数学思维能力的提高，不单单依靠个人的理解能力与思考能力，更要结合和整理不同的解题思路，将其转化为自身的思维能力。在教学中，教师可以进行如下引导：

教师："我讲得清楚吗？你能再向大家讲一遍吗？"

教师："你理解了这位同学的想法吗？你能尝试着复述一遍吗？"

第三阶段，引导学生在概括中归纳问题的本质。

在教学活动中，学生通过自身的理解能力、概括能力，对知识内容进行表述的过程，是反思能力的体现，更是学生高质量学习活动的主要体现之一。通过教学实践可知，教师的"教"与学生的"学"的活动组成是一种创造性过程，在整个过程中，需要通过思维的发散、收敛，再到发散，最后再收敛，即整个过程发展是"发散—收敛—再发散—再收敛"。

基于此，在当前的教学活动中，为了使学生通过语言表达能力，有效地提高数学思维能力，教师应该为学生预留一些"私人"时间，使学生有足够的归纳与概括时间，帮助学生在学习活动中达到思考过程与思考结果的有效回顾与反思。

3. 从会说到会问

学贵有疑，数学学习对学生质疑能力的培养同样十分重要，因此在教学中，教师应该适当地引导学生表达自己的疑问，使学生从没有问题可问，发展到有问题要探讨。

方式一：自问自答式。

为避免学生出现知识退化现象，教师要在教学中适当地激发学生的记忆，帮助学生将相关知识体系串联起来，形成有条理、有逻辑的知识体系，即在学生大脑的知识记忆存储中形成连续的知识链。

方式二：同中求异式。

对于数学知识的学习，要避免学生在学习中出现思维定式现象，教师要对学生进行适当的练习引导，帮助学生运用多样化的思维展开思考，并尝试运用多种解题方法。

方式三：刨根究底式。

在教学中，教师要引导学生养成不懂就问的学习习惯。在目前的小学数学教学中，教师要为学生营造和谐、平等的学习氛围，引导学生敢于向教师提问。

对于数学知识的掌握，要通过一定的练习才能巩固，但练习过程中的"练什么""怎么练"是教师开展教学活动必须要解决的问题。有一位数学专家曾指出，对于数学教学中知识的难易程度不能独立判断，需要用系统化的、发展的眼光去对待，教师应该通过有序列性的学习，为学生建立良好的逻辑思维，帮助学生降低学习难度，但并不是降低思维难度。

实践证明，在小学数学教学中，教师教学水平与学生学习能力的提升，并不只是依靠大量的练习才能达到的，而合理地设计练习题目，保持练习适时、难度适度、题目量适量，才是最科学、有效的提升方法。

（二）优化评价，关注过程，让学生在科学评价中走向多元发展

在新课程改革中，小学基础教育的重要内容之一是对学生评价的改变。在数学课程教学中，对学生的评价尤为重要。《数学课程标准（修订版）》中对于数学教学中的评价工作提出了新的理念，数学教师评价学生的主要目的是促进学生对数学知识的学习、了解，以及教师对学生实际学习情况的掌握，以此作为促进学生数学学习和教师改变数学教学方法的主要推动力。

因此，在当前的数学教学中，为有效促进学生实际能力的发展，教师应该与实际教学目标相结合，根据学生的具体表现，建立多元化的评价标准，建立多元化评价方法的评价体系。

1．评价内容从一维走向多维

《义务教育数学课程标准》中针对评价的设立明确指出，在建立评价的过程中，不仅要关注学生对知识的了解与技能的掌握情况，更应该关注学生整体的学习状态与学习过程，以及在这个过程中表现出来的学习态度与学习观念，应该立足于学生的整体发展，以此促进学生的健康发展。

基于此，为确保对学生评价的公正性与公平性，形成多元化的评价思想内容，改变传统的根据考试成绩"一卷定终身"的评价方法，将学生的学习品质与学习能力相结合，制定学生学习的评价标准，可以设计一套符合教学实际的数学学科教学评价指标和评价要素表。

2．评价方式从一元走向多元

在教学过程中，教师对学生学习的评价，是教育评价的主要构成内容。在过去的传统评价方式中，对学生学习的评价标准是学生的考试成绩，事实证明，这是不合理的、不科学的。为弥补其中的不足、完善学生学习的评价体系，教师可以在教学中针对学生的学习状态和学习成果进行综合整理，将评价标准制定得更为多元化、科学化，确保所得的评价结果更为人性化。

第三节　英语学科教学实践创新

智慧生成与发展的前提是对知识的掌握。教师课堂教学的目标是帮助学生通过学习获得一定的知识，从而转化为自身的智慧，通过长久以来的教学实践发现，在教学中，对知识输入的越加重视，就会离智慧的生成越远。而在当前的小学英语教学中，这种现象尤其明显，也就是教师对学生英语知识的掌握程度越重视，学生的学习结果就越不理想。因此，为有效地将学生获取的英语知识转化为智慧，教师在课堂教学中应改变以往的教学思维，从学生的实际学习需求出发，将学生在课堂中表现出的学习规律，作为教学设计的依据，通过高效率的教学方式，有目的地减少学生的学习负担，是现阶段在英语课堂教学中确保学生英语知识获取，并转化生成智慧成果的重要内容。

一、小学英语教学现状

在当前的小学英语课堂教学中，为了激发学生的学习积极性，使课堂更具活泼生动的学习氛围，教师在课件制作中耗费了大量的时间；为了使学生在学习中感受到创新的教学设计，将英语学科与其他学科的不同充分展现出来，教师将大量的思维和精力消耗在知识点的串联上。在教学中，将简单的教学知识复杂化现象也广泛存在，这种现象不仅会加速学生学习热情的消耗，而且会削弱学生主动思考的积极性，反而会降低学生的学习效率。

因此，怎样在有限的课堂教学中加强对学生英语思维能力的培养，促进学生对英语学习策略的掌握，以调动学生学习英语的积极性，帮助学生更加轻松地获取英语知识，是当前英语教学的重要课题。

二、单元导学是减轻学业负担的重要途径

单元导学是指在教学中教师对学生进行一定的课外预习引导。在课堂内，教师要将整个单元知识进行综合整理，帮助学生梳理和归纳整个单元的知识点，构建相对应的知识框架。本文中涉及的单元导学，不仅包含英语教材中整个单元的导学，而且包含教材中单个课程的导学。无论是单个课程的导学，还是整个单元的导学，都要将英语整篇教学理念作为整体教学的基础。在教学过程中，教师的教学模式应该符合整体—局部—整体的教学规律，即在教学知识的导入阶段，教师要通过英语教材知识的整篇编写，将每节课的知识内容融合在一起，为学生展示整体知识。在整体的教学中，再通过局部教学，加强对教学重点和难点的攻克，最后再回到英语的整体教学中，巩固学生对各单元知识点的掌握程度。

通过长期的教学实践发现，单元导学教学模式在所有英语单元教学中都十分适用，其与所有的英语课程教学相结合，都能够确保教学的有效开展。因此，在具体的英语教学中，教学活动主要是通过单元导学来展开的。

在我国的小学英语教学中，大多数地区小学英语教材使用的是人民教育出版社出版的《PEP 小学英语》教材。该教材内每个单元的开篇都会有其相应的主情景图，该情景图主要是将该单元内所要掌握的重点词汇与重点句式，涵盖在所设计的相关歌曲、歌谣与学习情境中。单元开篇的主情景图作为对学生学习本单元内容的启蒙，能够帮助学生在学习具体知识点之前，对整个单元的内容有一个大概的掌握。由此可见，在教学中主情景图的重要性。但在实际教学中，一些教师对这一项教学重点难以掌控，难以有效展开。

在教学中，教师根据积累的教学经验，总结了导学五步法，能够有效地指导学生进行英语课程的自主学习。以下是导学五步法的主要内容，以小学英语三年级上册教材中第 5 单元 "let's eat" 为例：

（一）导学第一步——学生预学

英语作为外来语种，在教学中，教师最担心的是出现学生学不会、学不深的情况。其实，在所有学科的学习中都存在阻碍学生自学自懂的"结"，这个"结"是学生打开学习思路的关键。在教学中，这个"结"有多种打开方法，教师可以自行设计"单元导

学单"，可以在"单元导学单"中提出学生应该解决的问题，通过"单元导学单"的引导，帮助学生自主解开这个"结"。

将单元中涵盖的知识点进行汇总与整合所得的就是单元导学单，在教学中，单元导学单是具有多元化形式的知识预习单。学生在课堂开始之前，通过单元导学单的引导，加强自身对整个单元知识的掌握与梳理。

（二）导学第二步——语篇呈现、整体感悟

在这一教学阶段，教师向学生传递英语知识，要结合多样化的教学形式，甚至要加入肢体语言，以帮助学生掌握更深层次的知识内容。由于在当前的教学中将单元知识与整体语篇知识结合的教学资料比较稀缺，因此就要求教师通过个人授课经验的总结，来展开教学。

（三）导学第三步——知识引出

当教师编写的语篇呈现给学生之后，可以采取向学生提问的方式，加强学生对语篇材料的分析与掌握。在这一阶段的教学中，教师通过对学生进行语言输出的引导，帮助学生掌握教材的核心知识点。例如，当教师向学生呈现语篇之后，教师可以通过使用本单元的核心句型"I like…""let′s…"等，对语篇中的核心意思即兴提问，引导学生用英语句式表达其日常喜欢的事物等，以此来加强学生对核心句型的掌握和运用。

（四）导学第四步——归纳、梳理

对知识点的梳理与归纳是极为重要的。在此过程中，教师对单元知识点的梳理与归纳应该与学生的导学单相结合。这样，不仅能真实地反馈学生的预习效果，而且能帮助学生建立良好的学习习惯，以及能快速地帮助学生掌握英语学科的学习方法。

（五）导学第五步——讨论、解决

教师在设计的单元导学单中设置学生提问一栏，通过学生自主提问的方式，培养学生的总结与反思能力。教师将学生在课堂教学中提出的问题收纳、整理到备课教案中，以便教学活动更具有针对性、更符合学生的学习需求。

第五章　小学教育学习方式创新

第一节　自主学习

一、自主学习的含义

"自主学习"是相对于"被动学习"而言的，这是一种高品质的学习状态，最大的特点是以尊重学生为前提，发挥学生的主观能动性。学生在教师的指导下，能主动、积极地参与到学习中来，根据自己的学习能力和学习任务要求，积极、主动地调整自己的学习策略和努力程度，从而完成学习任务。

理论和实践都证明，发挥学生学习的主体作用，具有非常重要的意义。在自主学习过程中，其主要有三个组成部分：其一，学生对自我学习的监控，是指在学习过程中，学习能力突出的学生对自我行为的一种观察、审视与评价；其二，学生对自我学习的指导，是指学生在教学活动中为确保达到学习成果而采取的自主学习行为，主要包括学习计划的制订、选择适合自己的学习方法和构建学习环境等；其三，学生对自我学习的强化，是指为提高学习的积极性，教师根据学生自主学习的成果进行一定奖惩的过程。

由此可见，自主学习是学习者在教学活动中为实现教学目标而开展的学习活动。学习者将自身的实际条件与教师的相应指导相结合，对学习行为下的学习目标、学习内容，以及学习方法进行正确选择，在自我调控的学习活动的促使下，最终达到学习目标的学习模式。

二、发挥学生自主学习的作用

（一）有效地提高课堂教学效率，符合现代教材改革和发展的趋势

在语文学习的课堂上，学生会认为一些基础性的知识枯燥乏味，甚至产生反感。这就更需要学生怀着对语文学科的兴趣、迫切需求获得知识的渴望，积极、主动地学习语文这门课程。然而，通过什么样的方式来培养学生的学习兴趣，是问题的关键所在。笔者认为，借助情感体验方式，诱发和巩固学生学习语文的兴趣是根本。布鲁纳说："最好的学习动机莫过于学生对所学材料本身具有内在的兴趣。"

因此，在教学中，教师要努力为学生创设各种愉快的情境，时时引起学生的惊奇、兴趣、疑问和新鲜等情绪，使教学过程始终对学生有一种吸引力，吸引学生积极地投入到学习中去，主动地获取知识。

（二）发展全体学生，符合现代学生思维发展的特点

教育的改革和发展，要求教育要面向全体学生，发展全体学生。发挥学生学习的主体作用，就是要让每个学生变被动学习为主动学习，并且要让后进生在主动学习的过程中体验成功，从而让他们看到希望，增强学习的自信心。成功，既是参与的结果，更是参与的起点。使学生不断体验成功的乐趣，是主体参与不断深化和参与步骤不断升级的重要保障。

因此，我们要在发挥学生学习主体作用的教学过程中，不断给予学生进步的阶梯，让每个学生都能体验到成功的乐趣，从而成为他们进步的直接动力，进而达到发展全体学生的目的。

（三）有效地发展学生自身的巨大潜能

语文是主观感受性特别强的学科，语文学习需要个体的内在体验，具有差异性和独立性。语文自主学习，只有尊重学生的个性，尊重学生的独立选择和独立鉴赏，才能使学生充分发挥自身的潜力，具备独立解读和感悟的能力。给学生选择的权利，充分发挥学生学习的独立性，既是自主学习的需要，又是教学民主的体现。

三、自主学习的特征

以下是自主学习包含的特征：

第一，学习者根据学习目标的意义，选择与自己相适合的学习活动，根据自己的学习情况安排学习进度，参与设计评价指标。

第二，学习者通过自主学习，提高自身对知识的思考，在问题的解决中学习。

第三，学习者在学习中投入自身的情感，为学习提供内在的动力支持，通过学习获取更为积极的情感体验。

第四，学习者通过学习，对认知活动进行自我监控，根据发展情况进行适当调整。

四、自主学习的特点

学生在学习活动中根据学习情况对自我学习进行决定，通过学习内容的自我选择，对自身情况进行适当调控，并根据学习结果进行自我评价和反思。在自主学习的过程中，主要有三个基本特点，即能动性、独立性与异步性。

（一）自主学习的能动性

自主学习是以人的能动性为学习基础，以发挥人的能动习惯为前提。在自主学习下，能动性的表现形式主要有自律性和主动性两种。学习者在自主学习的驱使下，会发生由他律转为自律、由被动转为主动、由消极转为积极的变化，这些转变将学生的主体责任突出得十分鲜明，充分发挥了学生的主动性，不仅开发了学生的潜能，而且有效地提高了学生的自律性。

（二）自主学习的独立性

自主学习是以人的独立性作为学习基础的，自主学习的本质是独立学习，自主学习的核心是独立性，在学习过程中，需要学生改变对教师或他人的依赖性，能够凭借自身的独立性展开学习活动。

（三）自主学习的异步性

自主学习尊重学生的个别差异，学生在充分了解自身的客观条件，并进行综合评估的基础上，根据自身的需要，制定具体的学习目标，选择相关的学习内容，并对学习结果进行自我评估。学习的异步性使不少学生脱颖而出，使暂时落后的学生能够在教师的指导和帮助下尽快赶上来。

五、自主学习与自学的关系

（一）自主学习与自学的差异

自主学习与自学的差异，主要包含下列六个方面：

第一，自主学习是以教学条件为基础展开的，在当前的教学中，自主学习主要在班级学习中发生；而自学是一种学习方式，与教学条件下的学习方式相对应。

第二，自主学习是以内在能力作为开展动机，即自主学习的开展来源于自我学习目标所产生的驱动；但在自学方式下，其产生动机主要是因为有一部分人在社会发展的压力下被迫选择的学习方式，即使在自学中其学习动机同样含有一定的主动性，但是在一般情况下，自学的展开往往具有一定的功利目的。

第三，在自主学习活动的展开中，学习是根据学习计划进行的，是具有一定的学习方法的学习活动，而换言之，在自主学习中，学习者对自身的学习方法充分了解，并具有一定的判断能力，懂得根据学习情境选择适合的学习方法；大多数的自学者虽然具有一定的自我学习方法，但在自学过程中所使用的学习方法难以提高学习效率。

第四，在自主学习中消耗的时间是定时、有效的，因为自主学习的展开是在教学条件下，自主学习者在自主学习的过程中对学习时间的计划与管理十分重视，学习者通过消耗学习时间来获取一定的学习效果，因此在自主学习中所消耗的学习时间是有确定性的；自学者受到自身多种条件因素的影响，自学的时间需要根据自身的实际空闲时间而决定，在学习中常常是不定时的，加之其学习方式与学习能力的不足，使得自学者在学习过程中难以充分利用学习时间，因此其学习效率会明显低于自主学习者。

第五，自主学习者通过学习所获取的学习结果具有一定的自我意识，自主学习者自身具有一定的学习评价能力，能够对自我学习效果作出适合的判断与评估；自学者的学习是为了得到社会的认可，学习结果的评价需要通过考试或发表论文等形式进行考查，因此自学者难以通过自身能力对学习结果作出评判。

第六，自主学习是在教学条件下展开的，在学习过程中，自主学习者能够随时随地得到教师和同学的帮助，当自主学习能力达到高级发展阶段后，自主学习者能在群体进行的合作中获取新的认知，能够对合作的重要性有全新的、充分的认知，因此当自主学习者在学习中遇到困难后会主动向教师或学生寻求帮助；自学者并不具备这一条件，且无法在群体合作中获取认知。

（二）自主学习方式

由以上自主学习和自学的差异可知，自主学习是指学生在自我监控下所展开的高品质的学习方式。

在课堂教学中，学生的自主学习方式包含以下四个方面：

1．学习目标的自我确定

在教学中，需要尊重学生的主体地位，为学生提供一定的自主学习权利，学生能够对自我学习的内容与学习程度进行自我确定。即学生通过对自身的了解，对想要解决的问题自主解决，这种学习方式能够充分考虑到学生之间的差异，帮助学生充分了解自身情况，制定适合自己的学习目标。

2．学习方法的自我选择

在学习过程中，学生有自主选择的权利，学生可以对自己喜欢的学习方式进行自主选择。由于每个学生对知识的认知程度不同、认知方式不一样，有的学生喜欢在学习中独立思考，而有的学生喜欢通过交流的方式来进行学习。独立思考的学生具有独立性的学习风格，而相互交流学习的学生体现的则是互动性的学习风格，两种认知风格的不同，并不会对学生的认知发展造成影响。在实际学习中，学生的学习方式各有不同，应该尊重和鼓励学生拥有适合自己的学习方式。

3．学习过程的自我调控

学生的学习内容相同，但由于学生间存在差异，不同学生在学习过程中所用的学习时间和学习方法也存在差别。在自主学习教学中，为了避免教师过于掌控学生的学习方式，自主学习强调教师应允许学生按照自己的学习方式掌控学习的过程。

4．学习结果的自我反馈

通过学习结果的总结，能够为学生提供反思的机会，学生的自我反思的过程其实是自身学习思想的升华过程。

（三）自主学习注意事项

教师在指导学生自主学习的过程中，需要注意以下几点：

1．揭示教学目标，展示问题

为确保学生能够充分发挥自主学习的能力，在教学中，教师应该为学生建立与学生学习内容相结合的教学情境，并提供适当的学习资源，将教学教材知识转化为适合学生思考的序列性问题，通过问题的提出，激发学生的学习动机。在这种情况下，教师对问题的准备应该作为教学重点，让学生通过对问题的思考展开自学探究。

2．小组讨论，同伴合作

自主学习在教学中并非自我封闭的学习过程，因此在自主学习中，学生与同伴的沟通协作是极为重要的。学生之间的交流沟通，并不只是针对认知获得的多少，还包括对学生合作意识与合作技能的培养与提高。

3．师生质疑、释疑

学生在自主学习的过程中，需要与教师的精心讲析相结合。学生在自主学习知识的认知过程中可能会产生一定的困惑，因此需要教师为学生提供相应的解答方案。

4．检测评价

在教学活动中，为确保学生自主学习的顺利进行，教师应该对学生的学习情况进行实时了解与掌握，便于为学生及时地提供解答与辅导。教师在开展教学活动中，需要设置新颖多变、难度适中的教学题目，以帮助学生巩固基础知识和提高对知识的应用能力。

5．总结概括，构建知识板块

学生在自主学习中会有多种问题出现，教师应该培养学生养成总结归纳的习惯，帮助学生进行知识点的构建，从而形成知识线，最终建立知识板块。

第二节　合作学习

一、合作学习的含义

所谓的合作学习，就是把学生分成多个不同的学习小组，并在教师的指导下开展的小组合作、自主学习，以及班级合作等学习活动。在实际教学活动中，学生之间、师生之间的交流互动逐渐增加，并在不断互助与合作中共同完成教学任务，保证达到教学目标的需求。合作教学的目标就是引导学生在积极的协作互助中亲身参与教学活动，深刻地理解教学内容和教学过程，通过教师和其他同学的帮助，来提高团体协作和自我学习能力。

二、合作学习的特征分析

（一）学生主体性较为明显

在合作学习活动中，教师作为教学活动的引导者和组织者，其主要任务就是能够为学生营造积极、和谐的合作学习情境。学生作为教学活动的主体，只有引导他们积极、主动地参与其中，提升其协作性与主动性，才能够达到良好的教学效果。

（二）教学过程有明显的互动性

合作学习主要是通过学生之间、师生之间的互动来完成的。这就充分说明，教学活动的所有参与者都参与到教学过程中，教师需要对学习活动无条件地加以关注，并在其必要时提供支持与帮助。学生在这种教学情境下开展互动学习，更容易发现、分析和解决问题，从而提升整体的教学工作水平。

三、合作学习现状分析

（一）教师难以充分发挥组织者作用

教师是合作学习活动中的引导者和组织者，会对教学效果的好坏产生直接的影响。但在实际教学活动中，合作学习只是停留在书面文件或者口头阶层，教师没有从根本上理解其实际含义，从而难以将这种教学方式运用在实际教学活动中。很多教师无法正确把握合作学习的节奏，导致整个学习活动呈现出形式化发展的状态，难以从根本上提升教学效果。

（二）教师没有把握住教学任务的难易度

从根本上来分析，合作学习是针对学生阶段性发展需求而选择的教学方法，通过与他人进行合作，让学生在他人的帮助下，将自我能力水平转变成为实际能力的一种。但在实际学习活动中，教师在选择教学任务时存在较多的问题，教学任务的难易度缺乏参考标准。学生的学习能力也各不相同，这会导致教学任务无法满足学生的能力水平，长期发展下去，必然会影响教学时间、教学进度和教学效果。

（三）教学主体参与度相对较低

要保证合作学习模式达到良好的教学效果，就要有相对完善的合作小组，但在实际教学活动中，合作小组划分标准不科学，小组内成员的素质层次和知识能力搭配不够齐全，成员分工一成不变，都会对学生参与合作学习活动的积极性产生负面影响，从而使互动效果受到影响，进一步降低合作学习的整体效率。

四、提升合作学习模式在教学活动中的措施

（一）选择合适的教学内容

合作学习作为提升学生学习效率的主要途径，也是促进学生实现全面发展的重要措施之一，这并不意味着任何学习活动都要通过合作来完成。教师在选择合作学习教学任务时，要能够突出这种合作的适度性、针对性、灵活性，以及适时性，避免出现合作泛

滥，导致学习效率低下现象的出现。

对于基础性的学习内容而言，教师可以引导学生自主完成，从而在锻炼学生自主学习能力的基础上提升合作效能，保证学习活动的有效性。

首先，对于应用范围广、规律性较强的内容，通过合作学习方式来完成。

其次，对于具有挑战性、教学难度较大的问题，也可以利用合作学习方式加以解决。这类问题的难度较大，依靠学生的单一力量难以解决，因此要通过集思广益的教学方法来完成。

最后，对于开放性的一些问题，在实际教学活动中，很多问题的答案并非唯一，这种问题需要学生通过合作学习方式、互相交流、多方思考，从而更快、更全面地得出问题的答案。

（二）调动学生的积极性

要想从根本上提升合作学习模式的教学效率，就要不断调动学生的积极性。学生在合作学习中是否能够主动积极、更好地与他人进行合作，相互间能否更好地完成教学任务和目标，需要教师不断激发学生的学习兴趣，让他们在实际情境中感知相关知识，以及具体的问题情境、学科的意义和应用价值，诱发学生能够积极、主动地进行联想，培养他们的创新思维能力，帮助学生更好地进行锻炼等。从而让他们在这些熟知的教学环境下，提升对知识的认识程度，保证教学活动能够更加顺利地开展和实施。

（三）保证学生的主体性

合作学习能够保证学生的主体地位得到体现，让其学习的主体性得到发挥，让他们成为学习活动的主人。合作学习模式在实施的过程中，教师要尽可能地提升课堂的高效性和灵活性，提高学生探究合作的能力。在合作学习中，教师要充分调动学生的能动性、自主性和积极性，引导学生利用群策群力的方法，完成具有教学难度的任务，保证合作学习活动能够更加顺利地开展和实施。

五、开展合作学习的方法

（一）精心组建互动小组

教师应多方位地了解学生的实际情况，合理搭配小组人员，实现组内成员优势互补、互相促进。根据教学内容的需要，教师应给予学生自己组合小组的权利，以利于学生对学习保持新鲜感，提高他们互动的兴趣。

此外，组内成员要分工明确，每个人都应有相对侧重的一项任务，每个小组都要确定讨论过程中的协调员、记录员、资料员和发言人等。经过一段时间以后，组内成员角色要互换，要使每个成员都能从不同角度得到体验、锻炼和提高。

教师要对各学习互动小组实行动态管理，当小组讨论过程中出现不合理现象时，应及时采取措施，调整和重新调配小组成员。

（二）小组合作学习形式要灵活

学习完一个单元后，可以让小组成员根据本单元内容自编、自演短剧，或编简短的对话，让学生自己分配角色进行表演。教师还可以把小组交流的内容作为预习的内容提前布置给学生，给学生提供一些相关的背景资料和词汇句式知识，让学生通过查阅资料，并结合自己的知识和经历，进行有效的信息深加工，然后再进行组内交流、讨论。这样，学生就有更多的独立思考的时间和空间，在小组互动时，就可以防止盲目从众或无言以对，从而培养学生自主学习的能力。

（三）注意发挥教师主导的作用

教师是学习活动的向导和促进者，在合作学习中起主导作用。同时，教师还应该是学生课堂活动的合作者，应合理、正确引导学生。教师应认真观察学生小组的学习活动情况，积极启发和引导学生小组的活动，有意识地促进小组学习成果的交流。

（四）建立科学合理的评价和奖励机制

科学合理的评价和奖励机制是小组合作学习成功的重要因素之一。德国教育家第斯多惠说过："教育的艺术不在于传授本领，而在于鼓励、唤醒与鼓舞。"在合作学习的课堂教学实践中，教师应及时、多样地对学生或小组的活动给予认可或奖励，可以采取形成性评价与终结性评价相结合的评价机制，个人评价与他人、小组评价相结合的评价机制。合理、公正的评价是学习活动取得成功的有力保障，不公正、不全面的评价极易挫伤学生合作学习的积极性和主动性。因此，教师要有统一的评价标准、明确的规则和操作流程，既要让每个学生积极参与，又要让各小组展开友好的竞争。教师应对小组成员的互动过程和结果适当地加以评价和鼓励，让不同层次的学生在小组互动中都实现学习目标。

六、构建小组合作学习的策略体系

（一）增强合作意识

通过课堂教学活动，培养学生的合作意识。教师要为学生提供尽可能多的机会，让学生发展自己的思想，倾听别人的想法，学会交流，以增强整体合作意识。教师要根据教学内容和学生的兴趣特点，设计一些适合小组合作学习的活动，并通过鼓励性的评价，使学生认识到每个人都有自己的长处，每个人的长处都能在集体中发挥重要的作用。

（二）训练合作技能

在合作学习中，学生主要通过讨论、争辩、表达、倾听和参与实践等形式，来开展合作训练。为了提高合作的有效性，必须重视合作技能的培养。

1．学会倾听

在小组讨论过程中，要求一人先说，其他人必须认真听，并且不能打断别人的发言，要能听出别人发言的重点，对别人的发言作出判断，有自己的补充或独到见解，在这样的要求下进行训练，学生不但会养成专心听讲的习惯，而且会培养学生养成相互尊重的品质。

2．学会讨论

在合作学习中，学生在独立思考的基础上，通过共同讨论、相互启发，达到合作的目的。为了提高讨论的质量，教师要教给学生讨论的方法：各组由一人汇报自学或独立思考的内容，其他成员必须认真听，并且有自己的补充和见解。最后，还应将各自遇到的问题提供给全组成员讨论，对达成共识和未能解决的问题分别归纳、整理。

3．学会表达

在合作学习中，学生的友好交流和自我表达都离不开语言的表述，为了达到训练的目标，教师要给学生提供讨论的时间和空间，使学生敢说、会说，培养学生善于倾听、思考、判断、选择和补充别人意见的好习惯。还应要求小组成员人人都说，而且要能大胆、完整地说，要鼓励学生使用礼貌用语。听、说技能是合作学习的根本技能，它是在学生独立思考的基础上，通过讨论和探索形成的。

4．学会组织

合作讨论的成功与否，很大程度上取决于组内的组织者，具体做法是：指导组织者进展组内分工、归纳组内意见、帮助别人评价等。另外，为了表达小组内的主体性，可定期培训、及时更换组织者。

5．学会评价

在合作学习活动中，评价不只是教师对学生作出简单的评价，还包括学生间的相互评价、学生的自我评价和学生对教师的评价等。在教学中，可以通过教师的范评，引导学生互评，例如，让学生倾听他人发言后，用手势表示对或错，用准确流畅的语言评价等，以增强学生的评价能力和勇气，提高评价的水平。

（三）选择合作的时机

合作学习强调集体荣誉和个人责任，能充分发挥小组成员的主体性，但合作学习必须建立在个人独立学习的基础上。合作学习的关键是：教师提供合作学习的内容必须适合每个学生，有一定的争论性，使学生有话讲，能激发学生的合作兴趣。在课堂教学中适时、恰当地把握时机，选择有讨论价值的内容，组织学生合作学习，为学生自主学习创造时机。在合作中，要求人人参与、个个发言、相互启发、取长补短，以增加课堂的信息交流量。

教师应结合教学实际，努力探索出适合学生的、有效的小组合作学习教学模式，使探究学习和小组合作学习真正发挥学生的主体作用，通过小组合作探讨，相互启发，实现优势互补，解决个体无法解决的疑难问题；使每个学生解决问题的积极性和创造性得到充分发挥，培养学生的团队精神，挖掘个体学习的潜能，使学生在互补中不断成长。

七、合作学习的应用须知

小组合作学习与学生个体学习是相对的，在教学中，将学生个体间的差异性作为教学资源，以小组合作作为学习单位，将不同学生的学习方法，通过优化组合，实现学习目标。在此过程中，个人独立思考的学习成果将会转化为小组成员的共同成果，通过小组智慧解决问题、共同完成学习任务，是一种互助性的学习方式。

在合作学习中，学生个体通过彼此帮助与了解，对自我进行重新认知，对他人展开了解，通过相互间的交流，促进彼此的感情，达到优势互补的目的。

在合作学习中，对学生学习兴趣的激发、学生个性的培养，以及促进合作精神和交流能力的提高，都是极为重要的，通过良好学习氛围的创造，使学生在合作学习中获得更好的发展。由此可知，在合作学习中，学生合作学习的开展与管理十分重要。

（一）小组成员的培训与管理

1. 加强对小组长的选拔和培训

小组长是合作学习小组的负责人，对小组长的选择十分重要，当选好小组长之后，应加强对小组长的培训。

经过培训之后的小组长应该对自己的角色有一个明确的认知：一是小组学习活动的带头人；二是小组合作学习活动的组织者；三是小组合作学习展开的指挥者；四是小组学习成果质量的验收员。

通过对自身角色的准确定位，在合作学习中，小组长应该做到：一是明确小组学习任务；二是对学习任务进行分工；三是把控组内讨论的进程；四是检验任务的完成度。

以上内容的有效达成，需要由小组长认真组织和完成。另外，教师还要对小组长开展定期的培训，及时解决小组长反馈的问题。

2. 加强对学习小组中各成员的培训

当小组长的人选确定之后，学习任务需要依靠各小组的团队力量来展开与完成。因此，合作学习小组要有核心，各学科要有学科代表，实现人人有事做、事事有人做，在合作小组中，通过互相促进，提高所有成员的学习积极性。

在教学活动中，每个学生都应该自觉参与、主动参与，积极将合作学习形式转化为自觉学习行为，自觉学习行为包括如下内容：一是在上课前自觉地准备学习用具；二是在合作中自觉接受小组长分配的学习任务；三是自觉地完成学习任务；四是自觉地与同学进行合作交流；五是自觉地对自身的表现进行反思。

（二）选择适宜的学习任务

在开展合作学习的过程中，学习任务的选择是极为重要的。不是全部学习任务都要通过合作学习来完成，而是当学习中遇到困难时，可以适当地开展合作学习。换言之，合作学习方式更适用于学习难度较大的认知学习。除此之外，当涉及到对学生的学习能力进行培养时，则更需要进行合作学习。

（三）组织好小组之间的交流

在合作学习中，小组的最终学习目的是各小组在全班展开学习成果分享与交流。学生与学生间的交流内容，应该包含如下内容：一是对知识的认知和技能掌握情况的交流；二是学习方法的交流；三是学生情感与价值观的交流。

第一，要保证交流的时间。沟通与交流在合作学习中具有重要的作用，不仅能够培养学生的语言表达能力、逻辑思维能力和应变能力，而且能够有效地促进学生间的情感和谐发展。因此，在小组交流的过程中，教师应该为其提供充足的沟通时间。如果交流与沟通的时间过短，则交流内容无法深入、浮于表面，知识学习就难以全面进行。

第二，教师的点评要精辟。在小组合作学习过程中，教师是学习活动的组织者、引导者和参与者。当学生在展示与表达自我看法和观点的时候，教师应给予学生充足的展示与表述时间，使学生能够将自我看法充分表达。同时，还应该对学生的表达勇气予以鼓励。教师的点评应该在关键时刻进行，先让学生将想法全部表述完之后再进行点评，不要过早地对学生的表述结果下结论，应该努力促使整个学习过程在平等、民主交流的氛围中进行。

（四）小组合作学习的效果评价

在合作学习中，通过小组形式进行学习，应该坚持"共同计划、共同行动、共同达标、共享资源、各尽其能、人人进步"的原则，教师对学生进行合作引导，使学生将自身的想法充分表达，以此为前提，小组合作学习才能够达到良好的效果。当学生获得一定的学习成果之后，教师应该对学生进行效果评价方式的指导。合作学习评价，可以分为以下两个方面：

1．组内互评

合理评价是小组合作成功与否的保障。其中，组内成员的互评是充分发挥评价的教育功能的重要一环，评价的侧重点由评价小组成员的合作态度，到评价合作质量，再到创新，循序渐进。可以设计组内互评表，让每个同学对组内其他成员的合作态度、质量、是否有自己独特的想法等作出评价。

这样的设计，不仅会使学生在对同伴进行评价时有据可评、有话可说，而且可以培养、塑造学生对待人和事物客观、公正的良好品格。同伴的坦诚评价，也能使学生在与同伴的磨合中，不断反省自己，提高自己，发展自己。

2．组际互评

小组合作学习把个人间的竞争变成小组间的竞争，把小组总体成绩作为奖励或认可的依据，形成"组内成员合作，组间成员竞争"的新格局，使得整个评价的重心由鼓励个人竞争转向小组合作达标。教师在注重组内互评的同时，更应注重组际互评，让学生对合作小组集体作出合理的评价，从中反映学生集体或个人的素质情况。通过这种评价，可以增强学生的集体责任感和集体荣誉感，并进一步提高其分析能力。

组际互评，不仅要评小组成员的知识掌握情况，而且要评小组成员的学习态度和学习能力等。一方面，可以增强学生参与合作的意识；另一方面，可以改变以往教师评、学生听的局面，让学生真切地感受到自己是学习的主人。学生在"我的表现你来评，你的表现我来议"中，会不断地获得成功的喜悦。

在学习小组相互评价时，教师应尽量引导学生学会运用"分步肯定"评价法，不要以一个完美无缺的答案作为评价结果的唯一标准。

第三节 探究学习

一、探究学习的含义

在当前的基础教育改革中，无论是国内，还是国外，"探究"一词是教育中出现频率较高的词汇。《牛津英语词典》对"探究"一词的定义是"对知识或信息的求索行为，尤其是对真实性的求索活动；是搜索、研究、调查、检验的活动；是提问与质疑的活动。"其对应的中文解释有"探问""质疑""调查"及"探究"等多种形式。在《辞海》（1989年版）中对"探究"一词的解释是"深入探讨，反复研究"。在学生的探究活动中，其本质是对学习中未知事物与未知信息的探究学习。

二、探究学习的特征

由于受到多种因素的影响，在教学活动采取探究式教学方式的过程中，可能会出现两方面教学内容的偏差：其一，是对探究式学习的泛化；其二，是对探究式学习的神化。泛化的探究是指在教学中一些人会随意将"探究"的标签锁定在部分早已掌握与了解的知识内容中；神化的探究则是指将所有由学生独立完成的学习活动总结为探究，如学习问题的提出、学习知识的总结和问题的解决等。显而易见，这两种对探究学习的解释，都与其本质意义相背离。

对事物进行区别的最基本方法，是对事物特征的掌握。对探究式学习的正确实施，需要对探究式的教与学的特征进行充分把握。在2000年由美国国家研究理事会组织编写出版的专著中，对科学的探究式教与学问题进行了系统、全面的概述，在专著中将探究式学习的基本特征分为以下三个方面的内容：

（一）学习者围绕科学性问题展开探究活动

科学性问题，即在学习活动中根据客观世界的发展，对物体、生物体和事件提出问题，但问题的提出需要与学生所学知识概念相结合，并且能够通过问题极大地促进学生的学习研究，对数据进行收集，并通过整合所得的数据对科学现象加以解释的活动。

（二）学习者获取可以帮助他们解释和评价科学性问题的证据

在探究式学习中，探究式学习与其他认知方式存在一定的差异，其主要是以实验证据为教学基础，对客观世界的运行机制进行解释。

在课堂探究活动中，学生对科学现象的解释同样需要运用实验证据加以辅佐。例如，学生在对动植物进行观察的过程中，需要将其基本特征进行详细记录；根据外界环境因素的变化数据进行实时记录，用化学反应或物理反应对其所产生的变化进行同步记录，并绘制相应的变化图表。与此同时，学生还可以从多种渠道获取更多的证据，对探究式教学进行补充，例如向教师提问、从教材中寻找、在网络上搜索等。

（三）学习者要根据事实证据形成解释，对科学性问题做出回答

科学的解释是以证据和逻辑论证作为科学现象的解释，通过对其展开推理，建立它们之间的关系。在科学解释的过程中，需要确保自然观察和实验所得的证据是一致的，并按照证据规则进行推理。因此，学生在探究式的学习中做出科学解释，需要具备一定的理论知识作为得出结论的基础。

三、探究学习的不同类型

（一）实验式探究

实验式探究是探究学习的完整过程，是从问题的提出到形成探究结果评价报告的整个过程。实验式探究学习体现出的明显教学特点是：在实验过程中，完成学习任务，达到学习目标。

在实验式探究教学的过程中，探究的问题是指根据所学教材的知识内容提出的问题。探究过程主要包括如下内容：一是探究问题的提出；二是根据问题做出假设；三是

设计实验方案；四是通过实验操作，对实验进行观察并记录有效信息；五是对实验现象或数据进行分析、得出结论；六是与学生进行探究结果的交流评价。当实验式探究教学活动具备以上全部六个步骤了，则是一个完整的全过程探究活动。

（二）推理式探究

推理式探究学习是以教学中教师根据教材提供的知识和材料为基础，学生通过自身展开的讨论和思考对问题进行分析，经过对数据和资料的整合，在主动探索的指导下，获取新知识的学习过程。

推理式探究学习的优点是不受教学设备条件的限制，即使不在实验室中，也能够在课堂中组织实施，学生在合作与"动脑"双重方式的影响下，不仅能够获得新知识，而且能够加强自身的科学探究能力训练。

在推理式探究教学中，探究的问题主要来源于两个方面：一是教材的知识点，主要是叙述性知识与结论性知识；二是根据教材知识所补充的问题，如日常生活问题与社会热点问题。

探究过程主要包括如下方面：一是实验材料的选择；二是有效信息的获取；三是对实验数据的分析；四是对数据分析结果的处理；五是推理形成结论；六是对探究结果进行交流与反思。

推理式探究极易在课堂教学中展开，是一种十分便捷的学生探究活动。教师为学生提供更多的探究机会，激发与培养学生的探究兴趣，带动学生主动参与教学，成为知识的探索者和研究者，改变被动接受知识的学习地位。

（三）发现式探究

发现式探究是将学生自身的观察方式和学习经验作为教学基础，在学习情景中，学生通过自我探索，对学习的主要内容进行自我发现。发现式探究教学是教师在教学中通过间接的方式，向学生传授知识的教学方法；学生通过教师在课前设计好的教学活动，在自主探索和学习中对需要掌握的知识进行学习，这是一种让学生主动获取知识的教学方法。

发现式探究教学最早是由美国教育心理学家布鲁纳提出的，是针对学生培养探究精神与激发创造性而提出的。他认为，在教学活动中，教师不仅仅是让学生获取教材知识，更重要的是发展学生自主获取知识的能力。青少年在成长中具有一定的好奇心，对所有未知事物具有一定的好学、好问特征，发现式教学法的主要应用思想就是提倡积极主动和勇于探索的学习方式，对学生在学习过程中进行独立能力的培养，树立良好的探索意识，让学生在多种自主学习和探究活动中，体验到发现与创造的神奇。

在教学活动中，发现式探究的展开主要分为两个阶段：

第一阶段，学生通过教师准备的学习用具，进行单独操作或分组操作。教师先不告诉学生学习用具的操作方式与操作内容，让学生自己探索。在实践的过程中，教师应在各组之间来回巡视，时刻关注学生的学习情绪、学生交流与沟通的内容等，可以随时对学生进行适当的引导，对于存在学习困难的个别学生，教师应该多加关注。

第二阶段，为学生提供表现的机会。教师让学生进行学习用具使用方法的讲解和操作，以促进学生间学习经验的分享，给学生提供表现自我的机会。

发现式探究的主要教学活动内容包含教师与学生之间的口头交流、学生根据与教师交流的内容对学习用具进行的反复操作、教师通过问题提问的方式对学生进行引导，以及学生在教学活动中自主发现问题并获取学习经验。

在发现式探究教学的应用中，学生的智力发展水平和能力水平是开展活动的基础，其主要是通过对学生积极性的调动和教师主导作用的发挥，促使教师与学生更加紧密地结合在一起，从而形成现代学科教学方法的基本特征。

在实际操作过程中，发现式探究对学生学习方法的引导尤为重视，通过对学生采取积极主动的引导方式，激发学生的学习兴趣，改变教师在教学中"讲"的教学方式，通过将学生的"做"与教师的"导"相结合，改变学生在教学中被动接受知识的地位，而让学生成为知识的"发现者"。

四、探究式教学存在的问题

探究学习作为一种有效的学习方式，在教学中能够激发学生的学习兴趣、学生的探究意识，以及学生的合作意识。但在实际应用中，会出现教师对探究式教学的理解不到位、对探究式学习活动难以有效组织，学生的学习主动性难以充分调动等情况，致使教学效果不理想。

在课堂教学中，运用探究学习时常出现以下情况：

第一，学生在小组学习中难以深入探究，经常讨论一些与学习无关的话题，课题的讨论过于表面，且课堂秩序混乱，探究效果不理想。

第二，教师提出的探究问题过于浅显，留给学生的探讨时间过短，致使学生的学习兴趣难以充分激发，经常在探究过程中敷衍了事。

第三，学生知识水平参差不齐，导致其对教师提出的问题难以解决，探究学习无法继续。

第四，探究活动中涉及的问题与任务难以深入到探究学习的本质，活动本身没有探究价值，所探究的问题具有明显的结论，等等。

以上教学现象的出现，原因较多。例如，教师对探究学习方式存在误解，认为只要在课堂中出现探究学习活动，就可以体现出新课标的理念，因此盲目地组织学生进行探究学习活动；教师对于教材的理解不到位，造成教学方案的设计存在偏差；教师对探究问题的安排不合理，在实际的探究学习活动中无法充分发挥探究学习的效用；教师过于依赖探究学习活动本身，在教学中忽视了学生对探究式学习的实际运用能力等问题的存在。以上这些，都会导致探究学习活动达不到预期的教学效果。

五、探究活动应该遵循的原则

要解决以上探究学习活动中存在的问题，教师与学生要在实际探究学习活动中遵循以下原则：

（一）自主性原则

学习过程是学习主体对学习客体主动探究、不断更新知识结构的过程。在教学中，要充分体现学生的主体地位，强调学生的主体意识，放手让学生自主选择、设计、探究和评价学习活动，不把学习内容的现成结论直接提供给学生，而是让学生利用材料，主动去探究、发现和创新，从而调动学生学习的主动性、积极性和创造性，使学生真正成为学习的主人。

（二）探究性原则

学习过程是学生在教师指导下自主发现新知识的过程，教师要设计并向学生提供探索和发现的真实情境，让学生经历探索过程，将探究发现过程、学生认识过程与教学过程相融合，体现探究、发现、建构知识过程的有机统一。

（三）创造性原则

一方面，表现为学生的"学"的创造性，要鼓励学生进行多向思维，能从多角度、更全面地认识同一事物，并善于把它们综合为整体性认识，能创造性地运用所学知识，去发现和解决新问题；另一方面，表现为教师的"教"的创造性，课堂教学不再为预先设计的教案所左右，要关注课堂的生成和学生的状态，给学生提供广阔的思考、实践的时间和空间，让他们大胆去想，放手去做。

（四）综合性原则

在开展某个专题研究实验时，应灵活运用各种方法，开展多种探究活动，为学生提供选择的机会，调动学生的多种感官，引导学生多角度、多层次地分析问题、解决问题，甚至生成更多的、新的、有研究价值的问题。

（五）整体性原则

在研究过程中，要着眼于全体学生整体素质的提高，把握好活动与整体素质之间的内在联系，达到相互渗透、相互联系，发挥整体效应，使学生全面、和谐发展。

（六）操作程序

探究建构课堂教学模式的一般操作程序是：铺垫设疑—探究发现—归纳建构—实践应用—总结评价。其操作策略及具体要求如下：

1．铺垫设疑

铺垫设疑就是为学生创设探究的情境，既能引发探究的问题，巧妙引入课题，又能激发探究的欲望和兴趣。

铺垫的意义，一是通过与新知相关的旧知的复习和已有生活经验的再现，促使学生原有认知的能动迁移；二是利用新旧知识之间的矛盾，引发认知冲突，激发学生认知心理的不平衡，唤起学生探究的欲望。

设疑的重点是创设问题情境。在教学中，要创设问题情境，让学生主动参与，发现问题，提出问题，激发学生探究的兴趣和欲望。

2．探究发现

探究是发现的前提，发现是探究的结果。探究发现是学生运用已有的知识和经验获取新知识，发现新规律，解决新问题，掌握新方法，形成新思想的科学学习活动。

（1）猜想假设。在观察、提问的基础上，学生会以上一环节观察到的事实为依据，借助积累的生活经验和已有知识，经过模拟想象再加工，创造性地提出新的说明方式，大胆地进行猜想假设。

（2）动手探究。给学生提供充分的时间，让学生带着疑问，选择合适的探究材料，按照设计的探究方案和要求，开展观察、实验、制作、调查、参观、采访和搜集等多种实践探究活动，验证自己的想法和假设是否正确，并让学生把所看、所听、所想、做到的探究过程和结构都记录下来。在学生探究的过程中，教师随机指导，适时参与，共同探究。

（3）讨论交流。引导学生小组对探索过程、结果进行讨论交流，相互帮助，共同探讨，初步得出解决问题的方法、过程和探究结论。教师倾听或参与讨论，有序组织学生开展小组讨论，为全体学生，尤其是后进学生，提供更多的课堂参与机会，让学生交流探究得到的信息、发现、做法和结论，互相启发、互相补充、互相修正，将个人独立思考的成果转化为全组共有的成果，使探究的方法、过程和结论更加完善。

探究活动的形式，主要有个人独立探究、小组相互探讨和集体共同探究。在探究过程中，要处理好独立探究、相互探讨与集体探究之间的关系。教师可以让学生根据自己的体验，用自己的方式方法自由地、独立地去探究、去发现，在此基础上，让学生在小组和班集体范围内充分表达自己的想法，交流自己的探究过程，阐述自己的思维方法，介绍自己的新发现；对独立探究有困难的问题，可以通过小组探讨或全班集体探究，以及师生共同研究，合作解决。

在交流合作中，要让每个学生都做到尊重、理解别人，评价、反思自我，相互学习，相互帮助，以提高探究的质量，增强合作意识和交流能力，培养团队精神，使学生勇于探究、善于探究，培养学生的科学探究能力。

3．归纳建构

归纳建构就是在学生汇报展示的基础上，把学生可能是表面的、非本质的或片面的、不完整的发现，去伪存真，去粗取精，经过归纳得出完整的科学结论，加深对探究知识方法的认识和理解，使学生对新知识的认知更加完整、系统，并具有结构性。

（1）汇报展示。学生个人或者学习小组选派代表，交流展示探究成果（探究过程、获得结论等）；根据汇报情况，教师适时启发，有针对性地对重点、难点进行指导。

（2）归纳建构。教师要引导学生概括探究规律，归纳得出知识结论和技能的方法，构建知识结构，从而使学生养成会探究、会思考、会发现、会归纳的好习惯。

4. 实践应用

实践应用就是让学生运用新获取的知识和活动经验，解决问题的过程。实践应用中设计的问题应具有基础性、实践性和开放性，使学生在解决问题的过程中，进一步掌握知识，学会从多角度思考问题，提高学生创造性解决问题的能力，激发学生探究的兴趣，培养学生的实践探究能力和创新精神。同时，使学生的认知结构具有稳固性和灵活性，并不断更新与发展，以适应更复杂的探究活动。

5. 总结评价

学习评价是师生双方对学习过程（提出问题、探究新知和实践运用等）结果和态度进行肯定或否定的一种强化方式，具有激励和导向作用。教师可以让学生回顾本节课所学的知识，汇报知识点、重点、难点，以及应该注意的地方，并对照目标，反思自己的学习方法和解题思路，评价自己的学习情况。同时，教师还可根据教学需要，创设富于情趣的问题，再次激起学生思维的火花，挑起学生学习的新欲望，把问题的探索和解决的过程延续到课外和后续学习中。

第四节　学习评价

一、综合性评价

进行基于核心素养的课堂学习评价，要有一套科学的评价机制和评价方式。在开发核心素养评价体系时，必须关注课堂中的相关信息，使其成为教师衡量教学质量的重要手段。教师在进行相关的课堂学习评价时，要采取现场记录法，对学生在学习过程中的学习行为进行较长时间的跟踪性实录或记录，以获得第一手的信息资料。教师应运用相关的核心素养形成评价工具，通过行之有效的评价方式，如统一性测试、全面测试、核心素养状况调查等，真实地了解学生解决问题的实际能力。

学生对课堂上各项动手操作的实践活动都非常感兴趣，他们思维活跃，善于动脑思考，有一定的自主学习能力，相互探讨学习的风气较浓，对新事物比较感兴趣。在教学中，教师组织学生开展小组合作式的探究学习活动，能够使学生有较强的合作意识，能充分发挥、调动学生的积极性。从课堂表现可以看出，学生是愿意做课堂的主人的。

关注核心素养，并让核心素养培养真正落地，已经成为课堂教学中一个十分重要的评价指标。教师要在主观意识上高度重视这一点，并针对教学知识及班情与学情进行学习活动的组织，再根据预设的评价方式，进行实时、有效的评价。教师可以采用定量评价、定性评价、定量与定性评价相结合的方式，最终采取的评价方式和方法取决于评价的具体需要。

（一）综合性评价的理论精要

核心素养具有怎样的特性呢？核心素养主要具有外显性和内隐性。外显性主要体现在其具有可传导、可培养、可塑造的特点；内隐性则体现在其具有一定的自我隐藏性，但有时又具有可让人感知的特点。外显性的行为特征可以在一定的学习情境下，通过他人的预设，以可见的行为方式表现出来，可以对其进行定量评价；而内隐性则主要表现为一种慢慢渗透与内化的过程，可以采取定性、形成性评价的方式进行评价。有时候，融合多种方式来进行评价，既能使教师获得更加科学的评价结果，又便于其全方位了解核心素养进课堂的落实情况，从而采取有效措施，真正提高课堂的教学质量。

在学生探索小学数学知识板块中的部分内容（如综合实践活动、概念性知识探索、平面图形面积公式的推导、圆的面积与周长、圆柱的体积和表面积的探索等）的过程中，因为基础知识与基本技能是小学生核心素养的外显部分，所以可以通过特定的定量评价方式进行相关性评价。其所采用的定量评价，一般是用数值形式、数学和统计方法，反映被评价对象特征的信息分析和处理方法。这样，教师才能有效地了解学生核心素养的培养情况，充分揭示学生的一些重要的、可用来测评的特征。

学习、反思和解决问题的能力都是学生应该具备的。为了了解学生的学习状况和考评教师的教学质量，教师或评价部门应针对学生在课堂中的问题解决能力、创造力、合作交流能力等进行评价，这些都属于学生核心素养的内隐部分。针对核心素养内隐部分的评价，通常采用定性评价的方法。简单来讲，定性评价就是在真实的任务情境中，依据学生的具体活动表现，对学生进行的评价。

运用定性评价，能较好地评价学生的学习情况，还能帮助教师提高教学效果，采取合理方式优化教学，促进学生核心素养的发展，并为后续的发展奠定基础。

在评价的过程中，定性分析方法和定量分析方法要根据实际情况灵活选择，这两种方法各有所长，两者是优势互补的。因此，评价者可根据需要灵活选择。通常，我们尽可能采用定性分析与定量分析相结合的方式进行评价。评价者通过"质"和"量"两个重要指标，来衡量被评价对象的本质特性，并依据有关数值作出科学的研判性评价。当然，评价对象也是"质"和"量"的统一体，评价者必须对此有足够的关注，这样才不会使评价偏离它本身的意义。评价学告诉我们，"量"是存在数值差异的，这个差异恰恰反映了"质"的差异性。而简单、抽象、概括性强等"量"的特征，常常通过定性分析进行表述，说明"量"所反映的"质"的具体隐含意义和状况。评价学还认为，定性分析是定量分析的铺路石，只有定量分析的"量"等同"质"时，才是进行评价的基石。有些时候，评价者还要根据实际情况，将定性信息进行二次量化，转化为定量信息再进行评价，因为评价必须做到精确、科学。

任何一种评价方式都不是十全十美的，都有其局限性。利用定性评价方式对学生核心素养进行评价有一定的优势，但与定量评价相比，定性评价的难度较大，而定量评价的实施成本和评价效果更加明显。因此，在针对学生核心素养进行评价时，教师要根据评价的目的和实际情况，在评价前选择合适的评价方式，并把评价结果和建议作为反思教学、优化教学、促进学生核心素养发展的助推力。

（二）关于综合性评价的实践指南

采取定性与定量评价相结合的方式评价学生核心素养，是从人的全面发展和终身发展的高度来考虑的，体现了立足当下、着眼未来的促进学生发展的目的。因此，要想进行有效、科学的评价，就必须有一套完善的科学评价标准与体系，便于落实定量评价或定性评价，以获得真实、可信的评价结论。

1. 用定量评价的方式，评价学生核心素养的外显部分

在评价核心素养时，评价者要正确看待并理解核心素养的现实意义和长远发展意义。从人的发展来看，核心素养的评价并不是简单的终结性评价，教师要更多地关注科学精神和实践创新这两大素养。之前采用的单一性的学业评价，仅将一张测试卷的成绩

作为考核标准，这是很不科学的，犯了以偏概全的错误。

当采用定量评价的方式评价学生核心素养的外显部分时，教师一般采取课堂实录式方法进行诊断性听课，并根据所做的数据性笔记或者评价标准（评价表）进行定量评价。

在自探式学习过程中，学生根据教师设定的表格填写课堂学习记录。这种学习方式等于给了学生一个自主探索的空间，便于学生明晰学习目标与任务，积极参与到学习的全过程中去，也便于学生思考，进而最终获得对新知识的认识，获得自主探索式学习的快乐。

在课堂结束前 5 分钟，教师可以组织学生进行不同层面的评价，可自评、互评、小组评等。在评价时，教师将每个学生的课堂记录卡与教学目标相比较，然后结合学生在课上的具体表现，针对他们的学习心态与动机、学习过程和参与状态、学习结果等作出相关性评价。

学生在评价过程中的自评成绩和互评成绩不一定客观、准确，教师可依据自己的观察，与学生的评价相结合，给予 A、B、C、D 四种评价结果。教师评价结果具有隐私性，不必在全班范围内透露或公开，而是应该采取一对一的方式进行沟通与分析。在全班范围内应只做共性分析，不做个案分析。这样，既有利于帮助学生积极参与到学习过程中，又能促进学生核心素养的健康发展。教师旨在通过课堂跟踪和评价，使学生重视学习过程，正确判断和评估自我，查漏补缺，发现自己的长处，增强自信心。

采用课堂实录性质的记录，教师不仅能更好地了解学生对知识的掌握情况，而且能通过实录单有针对性地调整教学内容，或是在后续教学中查漏补缺，或是加大补差力度，或是提升学力，使每个学生都能得到最好的发展。

结合期末的测试，教师的评价所关注的方面会更多，评价的依据也会更加丰富。如此合理的评价，会促使学生更好地投入学习中，提高学习的内驱力。有了这样的良性循环，学生的核心素养会得到更好的发展。

另外，教师得到的定量评价结果不要公开宣布，以免伤害成绩不好的学生的自尊心，只要把评价结果看成学生学习情况的反馈信息，帮助自己及时做出教学调整，找出学生在学习方面存在的问题，并找到帮助学生解决问题的方法。

定量评价是一种诊断性评价，其目的是提高教师的教学质量，改进学生的学习方法。

2. 用定性评价的方式，评价学生核心素养的内隐部分

定性评价是根据评价者对被评价对象的平时表现、现实状态的观察和分析，直接对被评价对象做出的定性结论。数学教学活动十分复杂，具有模糊性，存在许多难以量化

的因素，在评价时，教师应尽量使用鼓励性的语言，客观并较为全面地描述学生的学习状况，充分地肯定学生的进步和发展。

在实际操作中，教师主要通过长期、细致的观察及与其他任课教师的交流，来获得学生的学习信息，在与学生的交往中应有意无意地观察学生的种种表现，最后以鼓励性评语的方式呈现，而不用量化的方式评价。对于学生学习结果中不确定的一面，可主要采用定性评价的方式评价，如采用描述性评语来反映学生的参与程度、交流的主动性、所提出方法的新颖性和创造性等。

定性评价是对定量评价的反思与革新，但从根本上讲，定性评价应该内在地包含定量评价。作为一种新的评价模式，在定性评价与定量评价相结合的基础上，应更重视定性评价，因为它能更真实地反映教育现象。因此，在评价方式上，要彻底改变以前由学期考试"一锤定音"的评价方式，将评价渗透到每个教学环节中，将书面考试成绩、开放性考试成绩，以及学生的日常学习表现、家长的评价、同学的评价、学生的自我评价结合起来，全面、客观地评价学生的学业成绩，使教学与评价真正地融为一体，真正做到在评价中学习、在学习中评价，促进"教"与"学"的协同发展。教师可以用鼓励性的话语，来肯定学生的学习态度，如"你制作的统计图很出色""通过小组的合作，你们拼摆的长方体形状最多""你在积极探索的过程中，找到了圆的周长与直径的关系，非常棒""你在这节课中能够主动发言、大胆质疑，这种精神非常可贵"等。

评价主体要开放，要使被评价对象最大限度地接受和认同评价结果。在评价主体上，要改变由教师作为单一评价主体的做法，重视评价主体间的多向选择、沟通和协商，鼓励学生自评、互评，采用教师评价与其他人员交互评价相结合的方式。因为评价主体发生了变化，所以过去教师对学生的单向评价变成了教师、管理者、学生和家长共同参与的多向交互活动评价，这有利于帮助学生确立学习主体意识，对学生的学习有积极作用。

评价内容要多元化，为促进学生积极主动、生动活泼、全面和谐地发展创造良好的条件。在评价内容上，要力图把课程标准的知识与能力、过程与方法、情感态度与价值观目标，尽可能地纳入评价体系中。在对学生的评价中，不仅要注重对学生学业成绩的评价，而且要注重对学生综合素质的评价，注重学生创新精神和实践能力，以及良好的心理素质、学习兴趣与积极情感体验等方面的发展。多元化的定性评价，能帮助学生发挥潜能，建立自尊、自信、自强且持续发展的心理状态，充分调动学生的学习积极性。

3. 以定量评价与定性评价相结合的方式，评价并发展学生的核心素养

在教学过程中，要把定量评价作为定性评价中重要的、有说服力的依据，把定性评

价作为完善定量评价的重要根基。只有两者结合，才能得到更客观的评价结果。评价要与教学并行，它不是完成某项任务，而是一个持续的过程。评价要体现以人为本的思想，注重个体的发展。

定量评价与定性评价相结合的综合性评价可以安排在期末进行，采用期末试卷测定（60%）+综合能力考查（40%）+定性评语（鼓励性评语）的评价方式，作为对学生学习生活整体质量的评价。

教师评价要与学生评价相结合，改变以往对学生学习评价由教师独揽的现象，把评价过程中的部分主权交给学生，由学生写小结、谈体会和收获。这种自评也可放在单元结束或期中，让学生进行自我划等、打分，教师在学生自评前，让学生了解评价提纲、目的和要求，熟悉评价内容，帮助和指导学生客观、全面地做好学习自评。每单元结束后，教师将自评表发给学生，让学生填写，使学生对上个阶段的学习有所反思，并为下个阶段的学习做好准备。

学生互评可在小组间进行，可评价作业、报告、课堂发言等方面的内容，尤其是以小组为单位进行的分组实验，组员在实验中的种种表现，同学之间是最清楚的。让学生参与到对自己和他人学习成果的评价中去，削弱教师在期末的单独评价作用，这样可以发挥学生间的协同作用，增强他们在学习上的竞争意识，并让他们认识到自己与他人的差距，从而明确努力的方向。当学生的自评或互评获得教师的肯定时，学生的自信心将进一步增强。当学生发现自批与教师的批改有出入时，便会进行反思。这样的评价方式也体现了评价主体的多元性。

评价关注的项目非常重要，要具有正向性与规整性，要评价学生在学习过程中的具体表现，如已经学会了什么，掌握了什么方法，会运用什么知识解决什么问题。这能帮助学生正确认识学情，从而进行自我反思，并调整自己的学习方式。教师也要让学生明白评价的积极意义，还可以为学生提供合理的评价指标和评价方法。

科学的评价倡导评价主体的多元性和评价标准的差异性，要求评价的指标和标准是多元的、开放的和有差异性的，信息的收集也应当是多样的、全面的和丰富的。对被评价对象的价值判断，应关注到被评价对象之间的差异性，这样有利于被评价对象个性的发展。

在重视指标量化的同时，要更加关注不能直接量化的指标在评价中的作用，强调定性评价与定量评价的结合运用。

应该指出的是，教师在帮助学生建立自己的学习档案袋时，要遵循公开透明、自己动手的原则,要让学生自己建档、选择和确定装档的材料及保存档案袋。档案袋评价既能够较好地记录学生成长过程中的成功与挫折,让学生体验成功,感受成长与进步,促进其核心素养的发展,又能为教师、家长和其他评价者提供丰富多样的评价材料,使教师能够更开放、更全面地评价每个学生。档案袋评价还有助于对学生的核心素养进行系统性的评价。

二、多样化学习评价

教师是基于生长理念,对学生进行多样化学习评价的。教师对学生的评价和学生间的评价都不是单一的评价。学生的学习评价不再是教师纯粹的说教,也不再是单一地根据考试成绩判断好与差,而是充满了教师对学生的关爱及鼓励。学生乐于参与到学习的过程中去。学生的发现、感悟与思考能力通过他人的评价被唤起,且迸发出智慧的火花。

交互式评价是一种多向评价,教师给予学生更多的参与和表达机会,这种良性的评价有利于提升学生的核心素养。因此,基于核心素养的学习评价,必须基于学生的生长理念,找寻与之适合的、多样化的学习评价策略,要因学而评、助学而评,多方评价,差异化提高。

(一)多样化学习评价的理论精要

数学课堂不是一成不变的电脑程序,而是一种充满着动态因子的生命生长课堂,那些即时生成的信息不可知,也不可预见。因此,在核心素养视域下,基于学生生长理念的多样化的学习评价也就不能僵化,要随机、灵活地进行评价,这样才会有效。在落实评价的过程中,教师必须掌握评价的适切性、应生性和发展性,并采用相应的评价方式进行合理评价。

1.评价的适切性

因为学生的学习过程是一个不断变化、不断提高的过程,所以评价要根据生长理念与核心素养基本理论,应对学生不断发展的学习历程。多样化的评价必须准确地指向学生学习生长的过程,这样才能在相应的时机促进学生较好地生长。因此,评价的适切性非常重要。

教师要围绕教学目标和任务,实时把握学情及教学走向,顺着学生的思维,组织教学和评价。只有这样，才能让学生明白自己在学习过程中有哪些值得肯定的地方，又存在哪些方面的问题。教师多样化的评价要有所指，要直接指向问题的本质，使学生获得启示，这样才有利于学生更好地发展，并促进其核心素养因学而生。

2．评价的应生性

每个学生的学习能力和学习情况都是不一样的，教师多样化的评价必须与之相适应。学生的学习过程就是一小段成长的人生，教师的评价不能千篇一律，更不能忽视个体而只重视群体。教师要善于发现学生身上的亮点，也要及时捕捉学生存在的问题。倘若学生在学习过程中出现问题，如思维短路，或者对于问题的解决办法一点头绪都没有，又或者在探索过程中出现错误，教师就要指导学生进行多角度思考，最终获得对新知识的正确认知。

3．评价的发展性

课堂教学绝不是一成不变的模式，也不应该按照计划完全不变地执行。可以说，课堂教学是发展性的，学生也是发展性的，因此教师的多样化评价必须强调学生的个性发展。根据发展性评价理念，教师在教学中必须实行有差异的学习评价，即因生施评。要想实现评价的发展性，教师在课前就必须精心设计教学预案，要充分考虑课堂中可能出现的状况，根据学情设计教学流程，以便适时进行教学调整，并对每个学生的学习状况进行多样化评价。

如果教师能够做到"三走进"（课前备课时预先走进学生未知的学习情境，课中走进学生的学习活动，评价时走进学生的心灵世界），那么这样的多样化学习评价就能真正激励学生的学习精神。这就是核心素养理念所倡导的指向未来、不断优化发展的动态性。当然，教师也不能为了评价而评价，这样就失去了评价的真正意义。

（二）多样化学习评价的实践指南

因为课堂具有动态发展的特点，所以教师要在核心素养理念指导下采取相应的、适切的、基于学生生长理念的学习评价。多样化的评价既然不能是单一性的评价，教师就要多了解一些评价策略，择善而用之，或者有机地融合几种评价方式，这样才会更有科学性。下面，介绍几种常见的学习评价策略。

1．明示式学习评价

明示式的激励性评价是指在教育教学中，教师通过语言、情感和恰当的教育教学方式，不失时机地给予不同层次的学生充分的肯定、激励和赞扬，使学生在心理上获得自信和成功的体验，激发学生的学习动机，培养学生的学习兴趣，内化学生的人格，这是促进学生积极、主动地学习的一种策略。明代文学家冯梦龙说："水不激不跃，人不激不奋"。这句话道出了明示式激励性评价的作用。

在课堂教学中，教师要拥有敏锐捕捉信息的能力，及时发现学生发言中的问题和闪光点，在明示中启迪学生思维，引领他们进行深度思考。其他学生在教师的评价中也能得到指导，最终在评价中享受学习的乐趣。

心理学的相关研究告诉我们，一定要根据学生的特点，在关心、爱护学生的基础上给予合理的评价。在教学过程中，教师要积极地倾听学生的心声，真诚地欣赏学生的长处，赞美学生的优秀品质，这样才能帮助学生完善人格，走向人生的新境界。教师运用合理的激励性评价，不仅能让学生学得更轻松，而且能开启学生智慧的思维，为学生铺设一条通向成功的道路。学生学得如朝阳般灿烂，学得更轻松快乐，才能达到促进学生核心素养发展的目的。

2．暗示式学习评价

有些学习内容教师不必直接教授给学生，可以通过创设问题情境，采取暗示式学习评价，引导学生朝着学习任务一步步探索，最终通过自己的努力获取新知。运用暗示式学习评价就是利用情境因素组织教学，能使学生在轻松愉快的环境中接受知识，有效地激发学生的学习动机，有利于非智力因素在教学中发挥积极的作用，促进学生的发展。

3．发展式学习评价

发展式学习评价的核心是关注、促进学生的发展，而实现评价发展性功能的一个重要举措，就是突出评价的过程性。根据马斯洛的需求层次理论，人的需要分成五个等级，即生理的需要、安全的需要、爱的需要、尊重的需要和自我实现的需要。发展式学习评价把学生的在校行为表现和学习过程中的层级性评价，作为满足学生五种需要，特别是尊重和自我实现需要的手段，促进学生行为习惯的养成和学习过程的优化，达到提高教育教学质量的目的。

发展式学习评价运用最近发展区理论和需求层次理论，承认学生的个性差异，运用发展式学习评价的技术和方法，对学生的素质发展、学习过程和绩效进行价值判断，使学生在发展式学习评价活动中不断认识自我、定位自我、发展自我、完善自我，逐步实现不同层次的发展目标，优化自我素质结构，自觉地、发自内心地改正缺点、发扬优点。

4．交互式学习评价

交互式学习评价是指在教师组织的小组（包括同桌）合作学习的基础上，积极倡导组内成员之间进行交互评价，各小组以班级内师生共同制定的、公认的标准相互评价。交互式学习评价有利于树立学生的团队意识，培养学生的集体荣誉感，也有利于挖掘学生自身的潜能，调动学生学习的积极性。

另外，这种评价机制还有利于在班级内形成一种竞争意识和赶超意识，营造一个良好的学习氛围。交互式学习评价能增强学生学习的自主意识，促进学生间的合作，有利于发展学生的创新精神和创造能力，激活学生的思维。陶行知倡导"六大解放"，即解放大脑、双手、眼睛、嘴巴、时间和空间。交互式学习评价方式尊重学生个性发展的基本权利，满足学生的发展要求。

5．启导式学习评价

启导是一种以长期成长为目标的学习促进。启导式学习评价是一个战略的、有机的、全面的过程。启导式学习评价就是在学习和生活中为学生提供建议，帮助其成长，基于学生现有知识水平与学法引导学生去发现和创造，教师的角色将更全面、包容、丰满。换句话说，启导式学习评价要以丰富的专业知识、高超的教学技艺为依托，饱含对学生的关爱，以启发引导为手段，目的在于引导学生积极主动地发现新知识，掌握新知识，逐步培养其自学能力，进而促使他们的核心素养不断完善和提升。

6．多元式学习评价

评价学理论指出，评价的主要目的是全面了解学生的学习历程，激励学生学习并改进教师的教学，因此应建立评价目标多元、评价方法多样的评价体系。对学生学习的评价，不仅要关注学生学习的结果，而且要关注学生在学习过程中的各种表现，以及他们在教学活动中所表现出的技能水平、思维品质、情感和态度。教师要激发学生的学习热情，促进其在学习过程中发展和进步，还要帮助他们认识自我、建立信心。

多元式学习评价主要指评价主体多元化，评价角度与内容多维化，评价方法多样化。这种学习评价方式的主体要体现多元化，提倡采用个人、小组与班级相结合的组织形式，还可以联系社区、家长和专家等，对学生的活动过程及实施情况给予相应的学习评价。多元式学习评价既可以在教学过程中进行，又可以在教学结束后进行。

三、形成性评价

形成性评价是在教学过程中，为了引导教学过程正确、完善地进行，而对学生的学习结果和教师的教学效果所进行的评价。形成性评价的主要目的是发现每个学生的潜质，强化、改进学生的学习方法，并为教师提供反馈。心理学研究成果和教育实践经验表明，经常向教师和学生提供有关教学进程的信息，可以使他们有效地利用这些信息，按照需要采取适当的修正措施，使教学成为一个自我纠正系统。

形成性评价的另一个主要目的是使教师明确教学过程中存在的问题，并改进教学方法，及时修改或调整教学计划，以获得更加理想的教学效果。

（一）形成性评价的理论精要

形成性评价是 1967 年由美国哈佛大学斯克里芬在开发课程研究中提出的。美国当代著名的心理学家、教育家布鲁姆将其引入教学领域，认为形成性评价是"在教学过程中为了获得有关教学的反馈信息改进教学，使学生对所学知识达到掌握程度所进行的系统性评价，即为了促进学生掌握尚未掌握的内容而进行的评价"。形成性评价是通过诊断教学方案或计划，以及教学过程与活动中存在的问题，来为正在进行的教学活动提供反馈信息，以提高实践中正在进行的教学活动的质量的评价。

通常，形成性评价不以区分被评价对象的优良程度为目的，不注重对被评对象进行分等鉴定。实际上，形成性评价是教师依据实际课堂学业目标，有计划地应用多种策略或工具，收集并利用学生学习进展的证据，反馈并调整"教"与"学"，以满足学生的学习需求，并促进其学习、生长的过程。

形成性评价重视对学生学习过程的评估和评判，通过多种渠道，综合分析学生日常学习的信息，了解学生的知识、能力、兴趣和需求。它不仅注重对学生认知能力的评价，而且注重对学生情感及行为能力的评价。形成性评价为学生提供了一个不断自我完善和提高的机会，它强调学生的自我评价与相互评价，让学生在评价中不断地反思，并取得学习上的进步。

课堂教学中的形成性评价主要是对课堂教学过程中学生学习行为的评价，分析学生是否理解、能否应用、是否积极参与，影响其参与和学习效果的原因是什么，然后根据诊断信息调整教学方式。

基于核心素养的形成性评价，具有以下几个核心特征：

1．形成性评价与教学过程成为一个统一体

形成性评价不是单独存在的，它必须紧扣教学目标，与教学过程成为一个整体。形成性评价不仅在课堂上出现，而且会在课前、课中、课后这条主线中的任何一个环节出现。评价不再是符号性的东西，教师不能只在教学结束时进行象征性的评价，要根据教学实情，根据学生在学习过程中的学习状态、学习方法、学习思维、学习效果和小组合作等进行适切的评价，以帮助学生围绕教学目标进行积极、有效的探索。

在评价过程中，教师要用鼓励的话语，选择恰当的评价方式和评价策略，收集学情并给予学生评价，根据学情及时调整自己的教学节奏和教学内容，以获得更加理想的教学效果。

2．形成性评价是提高学习效率的助推器

布鲁姆指出："形成性评价必须不带有任何要评成绩的联想，这样学习者才不至于害怕，而是把形成性评价看作对学习的一种帮助。"这并不是说形成性评价不能用分数或等级来评定学生，而是说分数和等级不是形成性评价最主要的目的。形成性评价的主要目的是关注学生学习的进展证据，促进全体学生多维发展，因此形成性评价注重的是促进学生学习，而非评判学生的学习结果。

形成性评价关注的不是教师如何传授信息，而是学生如何接收、理解信息，并应用所学的知识解决问题。形成性评价是在教学过程中，通过教师观察、座谈、活动记录、问卷调查、学生自评和学生互评等形式，对学生的学习行为、学习能力、学习态度和合作精神等进行的持续性评价。形成性评价能更好地帮助学生提高学习的主动意识、反思意识和创新意识，帮助每个学生学有所得、学得愉悦，并以积极的情绪投入到下一个学习环节中去，最终获得最佳的学习效果。

3．形成性评价是提高教学质量的有机组成部分

开展形成性评价，有利于促进师生共同发展。许多优秀教师都十分重视形成性评价，他们十分清楚，在基于形成性评价理念的教学设计与实施过程中，必须深刻理解学科性质、教育价值和学生学习规律，要设计与学生生活经验相关，并能激活学生思维的教学活动，要积极、主动地去发现、研究、应对课堂中学生的各种学习表现，并将此作为帮助学生学习和优化教学方式的重要依据。

教师的教学过程应该是"提供目标任务，明确学习任务—应学而教，适时点评—调

整教学，优化教学—反思学习，解决问题"这样一个形成性评价过程。因此，形成性评价的过程，就是通过教师的适切评价，促进学生发展的过程，也是促进教师教学反思和专业发展的过程。

在基于核心素养的课堂学习评价中，教师要主动关注学生的学习过程、学习体验和感悟，并借助学生学习过程中不断生成的信息来自我调整、优化教学。在推进核心素养落地的今天，形成性评价的有效实施，具有积极的现实价值，是提升学生综合素养的重要助推力。

（二）关于形成性评价的实践指南

基于核心素养理念的形成性评价，是贯穿整个课堂教学过程之中的。有时候，形成性评价会与具体学习活动相结合，有时候，会隐含在一些活动之中。贯穿课堂教学过程中的形成性评价具有互动性、直接性、发展性、创生性和差异性等特征。因此，教师要结合具体的教学活动，切实关注教学中的每个关键环节，适时地采用适当的评价策略，激发学生学习的欲望，并积极思考解决问题的方法。同时，形成性评价也是教师诊断教学的一种重要的信息资源，是优化教学的依据。

1．正确认识和处理好形成性评价与终结性评价的关系

形成性评价是一种过程评价，旨在通过对课程发展过程中所获得的材料的分析和判断，来调整和改进课程方案，使正在形成中的课程更为完善。形成性评价采取目标与过程并重的价值取向，对学生学习的动机、效果、过程，以及与学习密切相关的非智力因素进行全面的评价。

终结性评价，又称结果评价，是对学生学习结果的评价，用来对学生的学习作出结论和判断，是在某一相对完整的教育阶段结束后，对整个教学目标（或学习目标）的实现程度作出的评价。

形成性评价关注的是学习的过程，而终结性评价关注的是学习的结果。终结性评价的一个重要的评价信息源就是形成性评价，它能帮助终结性评价获得更多的、有价值的资料，以便教师在进行终结性评价时有理有据。形成性评价能帮助教师发现教学中一些值得推介的做法，也能发现其在教学中存在的问题，然后进行专题研究，进而不断优化教学。

2. 充分发挥学生在形成性评价中的主体作用

形成性评价强调评价主体的多元化（评价主体可以是教师、学生、家长及其他相关人员），它不应该只是教师"一言堂"。教师的形成性评价绝对不能武断，要在教学过程中创造机会，让学生成为评价的主体，要让他们能够在学习过程中进行自我评价和合作评价。

教师千万不能忽视学生评价的作用，其实，每个学生都有自己的评价标准和评价欲望。学生永远是学习的主体，无论是在教学过程中，还是在评价过程中，学生都是积极的参与者和合作者。在实际评价过程中，教师要多采用开放式的师生互评、生生互评、学生自评等多向交流、互动的评价方式。

教学过程是一个动态的学习过程，也是一个形成性评价的过程。教师充分立足学情，以学生的发展为本，不断组织学生交流、汇报、相互评价，这是一个兼顾学生差异性的探究过程。

通过教师和学生的评价，可以看出评价主体的多元性，体现了评价的合理性。教师在整个教学过程中十分重视学生的评价，并把评价作为一节课重要的组成部分，来设计和组织教学。在探索与评价的过程中，学生的核心素养也相应地得到了锻炼与提高。

3. 做好形成性评价任务设计

做好形成性评价任务设计，是成功实施形成性评价的关键。在小学教学中，形成性评价任务要围绕相关学习目标和学习任务，提前进行评价设计。只有这样，教师才能对学生的学习情况进行针对性较强的评价，对课程目标的适合性评价也会准确一些。

在设计形成性评价任务时，要注意以下几个方面：

（1）评价目标要立足于学科课程标准和核心素养的要求。形成性评价属于目标取向，它不只关注课内，也关注课外，既关注学习情况，又关注情感价值观。形成性评价的目标是基于核心素养理念和学科课标要求，突出学习评价的整体性和综合性。

（2）评价标准要关注学生的个体差异。学生之间的差异是显而易见的，教师的评价不能一刀切，也不能用一个标准来衡量所有学生，必须立足差异、兼顾全体，采用合适的评价措施和策略进行评价。尤其是在学习过程中，学生由于智商、理解力、合作力等诸多差异，表现出不同的学习行为，达到不同的学习效果，教师要尊重和理解，并给予相应的指导和帮助。教师要贴近每个学生的最近发展区，帮助其获得最好的发展。

（3）评价功能要侧重激励。采用激励性评价，能较好地发展学生的潜能，帮助学生认识自我、建立自信。激励性评价还对学生的学习态度、合作与交往精神等有促进作用。学生在教师的激励性评价下，能积极参与学习，在良好的学习动机的指引下，保持良好的学习兴趣。同伴之间互相帮助、互相交流，能使学生发挥想象力，在练习中有创新表现。

（4）评价内容要突出重点，抓住关键。因为形成性评价范围广、机会多，所以容易不着边际、漫无目的。形成性评价不仅可以评价教学过程中学生的种种行为及表现，而且可以评价学生每天的作业完成情况等。需要强调的是，形成性评价必须提纲挈领，要让学生找到自我，生发积极学习的内驱力，进而积极地参与小组合作探索，并不断总结和反思学习过程中的得与失。

（5）评价方式要简便易行。形成性评价有很多方法和策略，也有很多途径，不能把评价弄得天花乱坠，但也不能轻视它。评价方式要简单易行，且能真正发挥评价、诊断和促进作用，这是最关键的。不能为了评价而评价，也不能为了评价而忽视教学本身的重要性。要通过设计形成性评价任务，在具体执行过程中有目的、有针对性、有措施地完成，使评价的效果事半功倍。

（6）评价主体要多元互动。学生的学习过程是一个知识建构的过程，形成性评价是学生了解自我表现及学习效果的一个重要途径。因此，基于核心素养理念的形成性评价，既是教师组织教学、促进学生综合素养提高的需要，又是教师提高教学反思效能的需要。学生在师评、生评、小组互评等多种评价的基础上，能养成自我反思的良好习惯，进而不断提高反思与质疑的能力。教师也要通过评价，加强与学生和家长之间的合作、沟通、协商、交流等多向交往互动，这也是保证核心素养在课堂教学过程中顺利落实的举措。

4．及时反馈评价信息，制定和实施改进措施

课堂中的评价是以学习为核心的，目的在于促进学习。形成性评价通过多种渠道、多种方法收集学生的学习信息，并进行归因分析，对学生的学习过程和教师的教学过程作出恰当的评估和评判。教师要及时反馈评价信息，制定和实施改进措施，帮助学生在学习方式和学习方法上不断改进，并让学生主动、积极地修正自己的探索方向，在反思的基础上正确获得新知。当然，及时反馈评价信息，也是帮助教师和学生共同进步的一种有效策略，有助于提高"教"与"学"的效率。

课堂教学评价是小学常用的教学手段，它主要通过对课堂中教学内容、教学方法、教学效果等因素的信息反馈，来体现教学的价值，从而促进教师改进课堂教学方法。通过及时评价,教师可以把握学生在课堂的学习状况,调控教学活动,调动学生学习的积极性,但也存在挫伤学生自尊心与错过思维训练时机的可能。

　　教师要强化形成性评价,将形成性评价贯穿课堂教学的各个环节之中,引导学生大胆地阐述自己的观点,并对自己的思维过程和观点进行反思。学生在评价的过程中,会对"我到底掌握了多少""谁掌握得又多又好""我在哪些方面出现了困难、差错""有什么疑问""在整个学习过程中和课程结束总结时谁表现得最棒"等问题进行反思。长此以往,学生不仅知己,而且知彼,不仅知对,而且善思和质疑,也能知错与改进,更重要的是能从评价中得到启发,从而加深对所学知识的理解,激发相互间的竞争意识。同时,学生也对教师在这节课的表现进行评价,帮助教师不断改善教学方法。教师也能从形成性评价中找到真我,找到教学的真谛,从而不断完善自我,提高教学能力。

四、信息技术评价

　　我们已经进入了大数据时代,大数据技术的核心是分析和预测。大数据能提供什么信息?其一,学生个性化学习过程的记录,包括学习的偏好和习惯;其二,学生学习过程的不足与疏漏;其三,学生个体知识结构化的不足。从某种意义上说,利用大数据进行评价,其实就是通过日常积累的数据,形成每个学生的学力发展模型和能力倾向模型。现在,借助大数据等智能化信息手段,借助云平台等多种评价平台进行评价,是测量学生核心素养的时代变化,这种变化带来的结果就是评价更科学,也更有价值。

(一)信息技术评价的理论精要

　　信息技术与课程整合是指在学科教学过程中,把信息技术、信息资源与课程有机结合,建构有效的教学方式,促进教学的最优化。新课程改革理念更加重视信息技术在课堂教学中的应用。当下,各个学校都在教学过程中大力推进信息技术的应用,促进信息技术与学科课程的整合,逐步实现教学内容的呈现方式、学生的学习方式、教师的教学方式和师生的互动方式的变革,充分发挥信息技术的优势,为学生的学习和发展提供丰富多彩的教育环境和有力的学习工具。信息技术生动形象、音形兼备,在吸引学生方面,具有独特的优势。信息技术与小学课堂教学的整合,为学生提供了一个丰富多彩的学习环境,大大提高了学生的学习兴趣,拓展了学生的思维。同时,二者的整合也进一步增强了学生对知识的探究能力和应用技能，使学生的学习能力得到了提高，并从中体会到了创造性学习带来的乐趣。将信息技术融入课堂教学，能让学生在享受中学习，使他们越学越快乐，学生的主体作用也能得到充分、有效的发挥。

现在，很多学校都借助信息技术手段，建立了一套较为完善的、切实可行的测试与跟踪记录系统，来测试、跟踪学生的学习过程，该系统能自动记录、分析和评测学生的阶段性学习过程和成果。小学学科学业评价系统是一套专门为小学学科开发的开放式学业评价考试系统，系统带有全题型自动阅卷功能，能及时有效地对学生的操作情况作出正确的评价。智能平台和信息技术为学生提供了一个多领域、多维度的学习活动空间，让学生的学习能力、计算能力、交流表达能力、直觉思维能力和想象力等都得到一定的锻炼。信息技术评价在一定程度上转变了学习评价的方式，让学习评价变得既快捷，又高效，还能帮助学生理解所学知识，发展核心素养。

教师在利用智能评价系统，对学生的学业成绩进行评价时，必须注重学生智能的多元性，建立多维度、情境化、基于过程式的评价指标体系，来全面评价学生的素质和能力。教师要为学生提供一个模拟的情境，让学生在情境中展示其发现问题、解决问题的能力。这种评价的主要目的是关注学生的学习结果。在评价过程中，教师应注意为学生提供关于其学习过程的必要反馈，也应注意将评价的结果用于评定教学的有效性。这样的评价能较好地激励学生的学习积极性，促进学习积极性的保持和迁移，增强学生的自我评价能力。教师可以利用评价反思，改进教学方式，发现每个学生的智能潜力和特点，识别并培养他们富有个性特色的智能和兴趣，建立学生的自我价值观，发展学生的核心素养。

（二）关于信息技术评价的实践指南

运用信息技术手段，评估学生核心素养的发展情况，要求教师必须具备相对娴熟的多媒体信息技术操作能力，并结合所任教的学科，来设计或操作相应的评价系统。同样，学生也必须具备相应的多媒体使用能力，这样才能配合教师完成相应的评价。在操作中，教师要注意以下几点：

1. 运用信息技术，更好地彰显学习评价的正向价值

多元智能理论是一种全新的、有关人类智能结构的理论，它的悄然兴起，不仅诠释了素质教育的基本理念，而且为素质教育提供了有力的理论支撑。该理论的提出者霍华德·加德纳教授是著名教育心理学家，他认为人的智力是由语言智能、音乐智能、数理

逻辑智能、空间智能、身体运动智能、人际交往智能、内省智能和自然观察智能等八种智能构成的。其实，运用信息技术评价，不是要测试学生的智能水平，而是要通过在线测试进行"教"与"学"的量化评价，帮助教师和学生从评价中获得有积极意义的信息，进而优化教学，实现学生综合素养的提升。

2．运用信息技术，科学、合理地设计和使用多样化的评价方式

运用信息技术，能科学、合理地设计和使用多样化的评价方式。这种评价方式十分重视对学生学习过程的评价，而且真正做到了定量评价与定性评价、形成性评价与总结性评价、对个人的评价与对小组的评价、自我评价与他人评价之间的良好结合。与传统课堂的教学评价相比，新型教学评价的评价手段、评价方式、评价人员、评价内容和评价措施都发生了根本性变化，这样的评价方式，能真正地起到反馈、纠正和激励的作用，促进学生核心素养的提高。

3．运用信息技术，开展学习评价活动，促进学生的思维发展

在信息技术背景下的课堂教学中，自主合作、自主探究的现象可谓屡见不鲜。自主评价能为学生搭建一个认识自我、评价自我的平台。为促使学生的自主评价更具有科学性与指向性，应根据学科应用性强、操作性强的特点，请学生分别从课堂专注力、我的表现力和思维创造力三个方面加以评价，并且因人而异，可以采用自己最感兴趣的方式进行评价。学生是有差异的，教师的教学评价应注重这些差异性。因此，在课堂教学评价中，教师必须综合使用各种评价模式，来促进学生思维的发展。教师的评价、学生的相互评价、信息技术的定量评价，以及终结性评价，都能很好地引导学生的思维，让学生明白学习的要求，帮助学生理解与掌握学习内容。

教师以丰富的数字媒体为载体，可以使学生的思维活动从不同的方向、不同的角度、不同的层次，采用转化、变换、组合等多种思考方法，对同一个问题进行思考和评价，这些都有利于对学生进行思维训练，培养学生的思维能力。这是小学教学的主要任务之一，是实施素质教育、开发学生智能、提高学生素质的重要措施。

参 考 文 献

[1]邢建和. 综合性大学小学教育专业课程设置研究[D]. 扬州：扬州大学，2017.

[2]丁新. 小学教育专业教育实践课程质量管理研究[D]. 呼和浩特：内蒙古师范大学，2017.

[3]吴霞. 专家型教师视野下小学教育专业硕士教育实践的现状研究[D]. 重庆：重庆师范大学，2017.

[4]王硕. 我国小学体育教师职前教育培养方案研究[D]. 石家庄：河北师范大学，2017.

[5]詹梦，陈鹤琴. 小学教育思想对当前小学英语教学的启示[D]. 贵阳：贵州师范大学，2017.

[6]张媛媛. 中国近代实验小学发展史研究[D]. 保定：河北大学，2017.

[7]王莉，郑国珍. 全科教师培养背景下小学教育专业实践教学的价值及其优化[J]. 安徽广播电视大学学报，2017（1）：81-86.

[8]周晖. 高师院校小学教育全科专业师范生教育实践能力培养的行动研究[D]. 西宁：青海师范大学，2017.

[9]何雪玲. 全程实践：小学教育专业实践课程建设的构想与实践[J]. 高教论坛，2014（3）：78-81.

[10]兰惠敏. 中外小学教育本科专业课程设置的比较与启示[J]. 外国中小学教育，2014（2）：47-51.

[11]曾鸣. 小学教育专业教育实践课程探析[J]. 宁波大学学报（教育科学版），2013，35（6）：73-76.

[12]陈威. "实践取向"小学教育专业课程设置研究[D]. 长春：东北师范大学，2013.

[13]程秀兰. 基于实证视角的幼儿教育本质特征研究[D]. 西安：陕西师范大学，2013.

[14]顾国兵. 小学教育专业课程设置的主要困境与破解方略[J]. 江苏教育研究,2013（1）：49-53.

[15]梁晓俐，王晓凤. 构建人才培养模式服务农村基础教育——地方高师院校小学教育专业服务农村基础教育的探索与实践[J]. 辽东学院学报（自然科学版），2012，19（4）：289-294.

[16]徐雁. 构建新型小学教育专业本科实践教学体系——以培养全科型本科小学教师为例[J]. 鞍山师范学院学报，2012，14（5）：76-78.

[17]吕立杰. 小学教育专业实践课程规划与实施探讨[J]. 东北师大学报（哲学社会科学版），2012（4）：190-193.

[18]蔡志凌. 高校小学教育专业实践教学改革探索[J]. 教育研究，2011，32（12）：99-102.

[19]赵建梅. 小学教育专业综合性特点的理论剖析[J]. 首都师范大学学报（社会科学版），2011（2）：46-50.

[20]宗树兴. 1986 年《中华人民共和国义务教育法》立法和实施研究[D]. 保定：河北大学，2010.

[21]蒋璐敏，谢广田. 高师小学教育专业教育实践的创新研究[J]. 沙洋师范高等专科学校学报，2009，10（3）：9-12.

[22]靳玉乐，朱德全，范蔚，等. 小学教育专业（本科）"延伸课堂"的实践探索[J]. 高等教育研究，2009，30（3）：74-81.

[23]关文信，李伟诗. 小学教育专业教育实践课程模式研究与构建[J]. 沈阳师范大学学报（社会科学版），2008（4）：9-12.

[24]王大顺. 高等师范小学教育专业建设的理论与实践[J]. 甘肃高师学报,2006（3）：73-76.

[25]于兴国. 转型期中国教师教育政策研究[D]. 长春：东北师范大学，2010.